Verein zur Förderung der Psychologischen Menschenkenntnis (Hrg.)
Theoretische Grundlagen zur psychologischen Tätigkeit im VPM

Die Bedeutung der Psychologie
für Individuum und Gesellschaft

Theoretische Grundlagen zur psychologischen Tätigkeit im VPM

Herausgeber:
Verein zur Förderung der
Psychologischen Menschenkenntnis
VPM, Zürich

Verlag Menschenkenntnis

Die Deutsche Bibliothek - CIP-Einheitsaufnahme

Verein zur Förderung der Psychologischen Menschenkenntnis:
Theoretische Grundlagen zur psychologischen Tätigkeit im VPM / Hrsg.: Verein zur Förderung der Psychologischen Menschenkenntnis, VPM, Zürich. – Zürich : Verl. Menschenkenntnis, 1991

(Die Bedeutung der Psychologie für Individuum und Gesellschaft)
Aus: Der VPM, was er wirklich ist / Verein zur Förderung der Psychologischen Menschenkenntnis
ISBN 3-906989-12-7

NE: HST

Separatdruck aus:
Verein zur Förderung der Psychologischen Menschenkenntnis (Hrg.) Der VPM, was er wirklich ist. Tatsachen, Hintergründe, Analysen. Zürich 1991. (überarbeitete Neuauflage).

Susenbergstr. 53, 8044 Zürich
Herstellung: Ehrli-Druck AG, Sarnen

Inhalt

Einführung

Der Verein zur Förderung der Psychologischen Menschenkenntnis (VPM) steht in der Tradition tiefenpsychologischer Hilfeleistung am Menschen. Dabei teilt er das Anliegen der Aufklärung, den Menschen zu ihrem Wohl wissenschaftliche Erkenntnisse zugänglich und nutzbar zu machen. Grundlage für das Wirken der im VPM zusammengeschlossenen Psychologen, Ärzte, Lehrer und psychologisch Interessierten bilden die Individualpsychologie Alfred Adlers, die Neopsychoanalyse, die Kulturanthropologie und die Entwicklungspsychologie.

Übereinstimmend mit der Ethik des 1982 verstorbenen Psychologen Friedrich Liebling stellt der VPM den Menschen und sein Wohlergehen im zwischenmenschlichen Zusammenleben ganz in das Zentrum seiner Aufmerksamkeit. An das Bewährte aus jahrzehntelanger Lehr-, Forschungs- und Beratungstätigkeit anknüpfend, entwickelt der VPM unter der fachlichen Leitung von Frau Dr. A. Buchholz-Kaiser, der langjährigen Mitarbeiterin Friedrich Lieblings, dessen psychologische Arbeitsweise forschend weiter. Selbstverständlich werden neue Ergebnisse aus allen das menschliche Leben betreffenden Bereichen laufend studiert und – sofern sie einer wissenschaftlichen Überprüfung standhalten – einbezogen.

Aus der Praxiserfahrung Friedrich Lieblings, dass die für jeden hilfesuchenden Menschen individuell abgestimmte Kombination von Einzelgespräch und therapeutischer Gruppe einen Reichtum an heilenden und persönlichkeitsbildenden Möglichkeiten beinhaltet, haben sich im VPM vielfältige Formen der psychologischen und psychotherapeutischen Arbeit in Gruppen ergeben. Daneben haben sich Arbeitsgemeinschaften beziehungsweise Seminare entwickelt, die der psychologischen

Weiterbildung dienen. "Unzweifelhaft ist die Verstärkung des Gemeinschaftsgefühles und der sozialen Verbundenheit der entscheidendste Heilungsfaktor, den wir kennen; durch eine bessere Verwurzelung in seiner mitmenschlichen Umwelt erlangt der nervöse Mensch ein beruhigtes Selbstwertgefühl, das ihm zur Ausgeglichenheit und damit zur seelischen Gesundheit verhilft."[1]

Alfred Adler, der Begründer der Individualpsychologie, erkannte, ausgehend von der tief empfundenen Sozialität des Menschen, das Gemeinschaftsgefühl als Grad der seelischen Gesundheit des Menschen. "In allen seinen Überlegungen hat er die menschliche Persönlichkeit immer als unteilbares Ganzes im Auge: der Natur entstammend, ein bestimmtes Ziel erstrebend und sein Leben auf seine individuelle Art im sozialen Verband verwirklichend."[2] Alfred Adler, der sich zu der von Sigmund Freud initiierten "Mittwochsgesellschaft" – einer abendlichen Zusammenkunft von Ärzten und anderen an der Psychoanalyse Interessierten zum Austausch ihrer Erfahrungen – gesellte, bemerkte den Irrtum der zum Dogma erhobenen psychoanalytischen Trieblehre: "Für Alfred Adler war die personale Auffassung vom Menschen von Anfang an wesentlich, und das unterscheidet ihn grundlegend von Freud. Adlers Persönlichkeitstheorie versteht den Menschen als ein Wesen, das in zwischenmenschlichem Bezug steht und für die Gestaltung seines eigenen Lebens und der es umgebenden Kultur über eine schöpferisch-gestaltende Komponente verfügt. Deshalb gehört

---

1 Liebling, Friedrich. Der nervöse Mensch und seine Heilung. In: *Psychologische Menschenkenntnis*. 1. Jg. Zürich 1965, S. 255.

2 Kaiser, Annemarie. *Das Gemeinschaftsgefühl – Entstehung und Bedeutung für die menschliche Entwicklung. Eine Darstellung*

die Adlersche Psychologie in die Reihe der Ich-Psychologien."[3] Weit entfernt davon, jemals ein Schüler Freuds gewesen zu sein, wie es oft verfälschend behauptet wird, verliess Adler 1911 den Kreis um Freud, als sich zeigte, dass an eine freie Forschung nicht mehr gedacht werden konnte. Durchdrungen von der medizinischen Ethik, erkannte Adler, dass sich der Mensch in seinen frühkindlichen Beziehungen, ausgerichtet an der gefühlsmässigen Einstellung und erzieherischen Aktivität seiner Eltern, eine Meinung von seinen Mitmenschen, von sich sowie von der ihm Geltung verschaffenden Art unter ihnen erwirbt. Diese aufgrund des verbreiteten Unwissens über die Natur des Menschen häufig irrtümliche Meinung wird zum Leitfaden seiner Gefühle, seiner Gedanken und seiner Handlungen. Die daraus entstandene Beziehungsfähigkeit, den Grad an Gemeinschaftsgefühl, erkannte Adler als ursächlich für das Lebensgefühl und Lebensglück des Menschen.

So wird es zur diagnostischen Aufgabe in der Psychotherapie, das individuell erworbene Mass an Gemeinschaftsgefühl abzuschätzen, das in der Stellungnahme des Menschen zu seinen Lebensproblemen und in seiner Bezogenheit auf den Mitmenschen zum Ausdruck kommt. "Nur die tiefgründige Kenntnis der menschlichen Natur im gesamten gestattet, die Einzelpersönlichkeit in ein helles Licht zu rücken; tiefenpsychologische Menschenkenntnis ist zunächst ein Schema der menschlichen Natur, und indem sich die Individualität aus diesem

---

wichtiger Befunde aus der modernen Psychologie. Zürich 1981, S. 18.

3 Buchholz-Kaiser, Annemarie. Standortbestimmung. Zum Jahresbeginn 1989. In: Verein zur Förderung der Psychologischen Menschenkenntnis (Hrg.). *Jahresbericht 1988.* Zürich 1989, S. 19.

Schema heraushebt, wird sie uns verständlich."[4] Die aus den frühkindlichen Beziehungen abgelauschte individuelle Orientierung, die sich nach Adler in einer auf ein Ziel gerichteten Bewegung, dem Lebensstil, manifestiert, gilt es in ihren positiven und negativen Anteilen zu erfassen. Irrtümliche Meinungen, die den Menschen in seinem Erleben sozialer Situationen zu tendenziösen Apperzeptionen verleiten, sucht der Psychologe ermutigend aufzuklären und zu korrigieren. Die Korrektur liegt im Sinne des therapeutischen Ziels, nämlich der Stärkung und Schulung des Gemeinschaftsgefühls, das den Menschen, seiner Natur entsprechend, zu einem konstruktiven Zusammenleben mit seinen Mitmenschen führt.

Der von Alfred Adler vorgezeichnete Weg zur Behebung individueller und sozialer Not bestand darin, das Gemeinschaftsgefühl des Menschen zu schulen und zu stärken, indem jedem Menschen das Wissen um die Natur des Menschen nähergebracht wird. "Dass die Menschheit einmal ihre eigene Natur verstehen lernt und beginnt, deren Erfordernissen gemäss zu leben – das ist das Bemühen, mit dem Adler einen Platz unter den Humanisten aller Zeiten einnimmt."[5] Friedrich Liebling machte sich das Anliegen Adlers, die Hebung des Gemeinschaftsgefühls durch die Schulung der gegenseitigen Hilfe, mit der Einrichtung aufklärender und therapeutischer Gruppen als Ergänzung zur Einzeltherapie zu eigen. Sein Werk wird heute

---

4 Liebling, Friedrich. Tiefenpsychologische Menschenkenntnis In: *Psychologische Menschenkenntnis.* 1. Jg. 1965, S. 211ff.

5 Kaiser, Annemarie. *Das Gemeinschaftsgefühl – Entstehung und Bedeutung für die menschliche Entwicklung. Eine Darstellung wichtiger Befunde aus der modernen Psychologie.* Zürich 1981, S. 31f.

im VPM unter Leitung von Dr. Buchholz-Kaiser weitergeführt. Die theoretischen Grundlagen der psychologischen und aufklärenden Tätigkeit des VPM und die Tradition, aus der sie hervorgegangen ist, werden im folgenden dargestellt.

Die Tiefenpsychologie

In der zweiten Hälfte des vergangenen Jahrhunderts konnte Charles Darwin seine Lehre von der Entstehung der Arten vorlegen. Damit fiel auch auf die Abstammung des Menschen ein neues Licht: Als Wesen der Natur wurde der Mensch nun in allen seinen Eigenschaften als ein in einer Geschichte von zufälligen, in der Anpassung an die Umwelt bewährten Veränderungen des genetischen Materials entstandenes Wesen aufgefasst. Der Mensch war fortan als ein Produkt der Evolution wissenschaftlicher Betrachtung zugänglich. Diese Erkenntnis markierte nicht nur den Beginn der anthropologischen Forschung, sondern bildete auch die Grundlage für das Verständnis des menschlichen Seelenlebens, das zu erhellen sich nun eine Reihe von Forschern ermutigt fühlten.

Sigmund Freud, der Begründer der Psychoanalyse, war nicht der einzige, der davon überzeugt war, dass "Geist und Seele (. . .) in genau der nämlichen Weise Objekte der wissenschaftlichen Forschung (sind) wie irgendwelche menschenfremden Dinge".[6]

Freilich wurden in dem mutigen Versuch, sich aus überkommenen Vorurteilen zu befreien, und angesichts der Komplexität des Forschungsgegenstandes unterschiedliche Wege in der jungen Wissenschaft der Psychologie beschritten: Im akademischen Bereich stand, angeführt von Wilhelm Wundt, der Versuch im Vordergrund, den Menschen experimentell zu erfassen, um aus der Zusammenfügung isolierter Faktoren hilfreiche

---

6 Freud, Sigmund. Neue Folge der Vorlesungen zur Einführung in die Psychoanalyse. In: ders. *Gesammelte Werke XV*. Frankfurt am Main 1967, S. 171.

Aussagen zu gewinnen. Ungeachtet der Hoffnung, durch statistisch unterlegte Schemata zu einer nützlichen Einteilung persönlicher Merkmale zu gelangen, zeigte sich sehr bald, dass mit diesen Methoden der Individualität und Reichhaltigkeit menschlichen Denkens, Fühlens und Handelns nicht gerecht zu werden war.

Demgegenüber stand die Individualität des Menschen in der medizinischen Praxis bereits geraume Zeit im Mittelpunkt des Interesses. Die Frage, wie dem einzelnen Menschen in seinen Nöten zu helfen sei, war insbesondere in der psychiatrischen Tradition forschungsleitend, in der der Arzt ausschliesslich die heilsame Diagnose und Therapie als Erkenntnis gelten lassen konnte. "In diesem Zusammenhang erhebt sich allerdings auch eine ethische Frage. Menschen zu kennen und zu verstehen ist nicht in letzter Instanz eine Problematik der sachbezogenen Praxis, sondern des menschbezogenen Ethos. (. . .) Einen Menschen aber in seiner Wesensart zu erfassen ist lediglich demjenigen möglich, der den Menschen um seiner selbst willen studiert, vielleicht ist sogar ein grundlegendes Verstehen nicht abtrennbar von dem Wunsche oder der Neigung, dem anderen zu helfen, ihm zu verhelfen, sein wahres Wesen zu realisieren. (. . .) Es mag vielleicht moralistisch klingen, aber man kann tatsächlich die Menschen nur verstehen, soweit man sie liebt; und man wird sie besser lieben, wenn man sie besser versteht."[7] Es war diese Tradition, aus der am Anfang unseres Jahrhunderts die Tiefenpsychologie hervorging.

---

7 Liebling, Friedrich. Tiefenpsychologische Menschenkenntnis. In: *Psychologische Menschenkenntnis*. 1. Jg. 1965, S. 216ff.

Von der Trieblehre zur Ich-Psychologie

Sigmund Freud besuchte im Winter 1885 Jean Martin Charcot an der Pariser Salpêtrière, dem es gelungen war, die Hysterie unter Hypnose zu erforschen. Da die Hypnose keinen körperlichen Eingriff darstellte, der zu Veränderungen bei der Patientin hätte führen können, hatte Charcot den Nachweis erbracht, dass die Hysterie keine somatische Ätiologie haben konnte. Freud ahnte die Tragweite dieser Arbeiten und nahm sofort nach seiner Rückkehr, gemeinsam mit seinem Kollegen Josef Breuer, die Behandlung hysterischer Patienten auf. Er bemerkte, dass die Patienten Vorkommnisse aus ihrer Kindheit schilderten, an die ihnen bei Bewusstsein jede Erinnerung gefehlt hatte, und entdeckte zugleich, dass die Symptome zurückgingen, sobald die geschilderten Erlebnisse in Zusammenhang mit der Symptombildung standen. Aus diesem Umstand folgerte er, dass es sich zwar um wirksame, dem Bewusstsein aber nicht ohne weiteres zugängliche Erlebnisse handeln musste: Sie seien, meinte Freud, verdrängt, unbewusst. Als Weg der Heilung ergab sich daraus die Hilfe des Psychoanalytikers bei der Wiederbelebung der verdrängten Erinnerungen mit Hilfe der freien Assoziation.[8] Diese Methode, die aus der Hypnose hervorgegangen war, wurde für die nächsten Jahrzehnte zur grundlegenden psychoanalytischen Technik.

Freud war bald auf ein Phänomen in der therapeutischen Behandlung aufmerksam geworden, das er Widerstand nannte. Ihm war aufgefallen, dass sich einige Patienten nicht an die vereinbarte psychoanalytische Grundregel hielten, nach der sie unzensiert alle Assoziationen dem Analytiker zu erzählen hätten, "wie man es etwa in einem Gespräche tut, bei welchem

---

8 vgl. Ellenberger, Henry F. *Die Entdeckung des Unbewussten.* Band II. Bern 1973.

man aus dem Hundertsten in das Tausendste gerät". Diese Patienten erzählten entweder immer weniger, nichts mehr oder neigten offenbar dazu, "Geschichten zu erzählen". Zudem beobachtete Freud eine Form des Widerstands, die darin bestand, dass die Patienten eher agierten, als sich über ihre Erinnerungen und Assoziationen auszusprechen. Freud gewann den Eindruck, dass diese Patienten sich ihm gegenüber benahmen, als sei er eine Person aus deren Kindheit. Der Patient "reiht den Arzt eine der Imagines jener Personen an, von denen er Liebes zu empfangen gewohnt war".[9] Dieses Verhalten nannte Freud Übertragung.

Widerstand und Übertragung stellten für die Behandlung ein ernstes Hindernis dar, da sie die Bewusstwerdung verdrängter Erlebnisse vereitelten. Dennoch erkannte Freud in ihnen ein nützliches Hilfsmittel, da der Analytiker nun noch mehr aus der Geschichte des Patienten erfahren konnte. In der Übertragung sei sich der Patient nicht bewusst, dass er seine Erlebnisse aus der Kindheit nicht erinnere, sondern wiederhole. Freud hielt es deshalb für erforderlich, dass der Analytiker die Übertragung des Patienten deute, damit dieser das Irreale seiner Gefühlslage bemerke: Die Deutung mache dem Patienten die Wiederbelebung verdrängter Erlebnisse bewusst, was heilend wirke. In diesem Sinne fasste Freud den psychotherapeutischen Prozess auf als eine notwendige Abfolge des Erinnerns, Wiederholens und Durcharbeitens.

Die diesen Prozess fördernde Aufgabe des Analytikers sah Freud vor allem darin, einerseits das Entstehen der Übertragung nicht durch eigene Aktivität zu stören und andererseits das vom Patienten vorgelegte Material so rechtzeitig zu deuten, dass er

---

9 Freud, Sigmund. Zur Einleitung der Behandlung. In: ders. *Gesammelte Werke VIII*. London 1948, S. 474.

seine Erlebnisse nicht vollständig ausagiert, sondern in Worte überführt. Freud hielt es für unerlässlich, dass der Analytiker sich als Person vollkommen abstinent und gewissermassen steril gebe, um in gleichschwebender Aufmerksamkeit das Material des Patienten richtig erfassen zu können. Um diesen Anforderungen zu genügen, sollte der Analytiker sich einer Lehranalyse unterziehen, da er ebenso wie der Patient in einer Übertragung agieren könne. "Wir sind auf die 'Gegenübertragung' aufmerksam geworden, die sich beim Arzt durch den Einfluss des Patienten auf das unbewusste Fühlen des Arztes einstellt, und sind nicht weit davon, die Forderung zu erheben, dass der Arzt diese Gegenübertragung in sich erkennen und bewältigen müsse."[10] Freud sah in der Gegenübertragung die Ursache dafür, dass der Analytiker "infolge der besonderen Bedingungen der analytischen Arbeit durch seine eigenen Defekte wirklich darin gestört wird, die Verhältnisse des Patienten richtig zu erfassen und in zweckdienlicher Weise auf sie zu reagieren".[11] Dies wiederum behindere die Entfaltung der Übertragung und untergrabe den Wert der Deutung. Als Ursache fand Freud "unter den heute waltenden Umständen eine Affektstrebung am gefährlichsten, den therapeutischen Ehrgeiz, mit seinem neuen und viel angefochtenen Mittel etwas zu leisten, was überzeugend auf andere wirken kann".[12] Obwohl

---

10 ders. Die zukünftigen Chancen der psychoanalytischen Therapie. In: ders. *Gesammelte Werke VIII.* London 1948, S. 108.

11 ders. Die endliche und die unendliche Analyse. In: ders. *Gesammelte Werke XVI.* Frankfurt am Main 1950, S. 94.

12 ders. Ratschläge für den Arzt bei der psychoanalytischen Behandlung. In: ders. *Gesammelte Werke VIII.* London 1948, S. 381.

Freud den Nutzen der Lehranalyse bereits frühzeitig erkannte, wurde sie doch erst während des Ersten Weltkriegs praktiziert.

Die therapeutische Situation wurde so immer mehr zu einem "Forschungslabor", in dem die Schilderungen der Patienten und zunehmend auch die Ereignisse zwischen den Patienten und dem Analytiker Hinweise erbrachten auf ihre Erlebnisse in der Kindheit und ihren Werdegang, auf die seelischen Vorgänge und die Zusammenhänge zu Denken und Handeln. Sie erweiterte die Kenntnisse über den Menschen und die Persönlichkeitsbildung überhaupt. Unter den Schulen der Tiefenpsychologie besteht seither Einigkeit, dass zwischen der therapeutischen Tätigkeit und den wissenschaftlichen Einsichten eine Wechselbeziehung besteht und dass die Wahrheit einer psychologischen Theorie in der psychotherapeutischen Praxis in einem Prozess von Induktion und Deduktion gewonnen wird. "Therapeutische Beobachtungen sind der wichtigste Ursprung unseres theoretischen Wissens, andererseits benutzen wir unsere theoretischen Formulierungen, um unsere Technik zu verbessern."[13]

Freud selbst gestaltete auch die ersten Versuche, die neuen Erkenntnisse in einer Theorie zur Entwicklung der Persönlichkeit zusammenzustellen. In seiner Metapsychologie sah Freud, geprägt durch seine eigene mechanistische Schulung und seine prädarwinistische Anschauung von der Natur des Menschen, nach einigen Wandlungen die Entwicklung des Menschen als von zwei antagonistischen Trieben geleitet, der eine zum Leben, der andere zum Tode neigend, deren vollständige Befriedigung zugunsten eines kulturellen Zusammenlebens versagt bleiben müsse. Beim Kinde bilde sich durch erlebte Frustrationen das "Über-Ich" aus introjizierten Werten, die im Wider-

---

13 Alexander, Franz. Analyse der therapeutischen Faktoren in der psychoanalytischen Behandlung. In: *Psyche*. 1950–51/4, S. 401.

spruch zu seinen Triebwünschen stünden. Als verdrängender oder sublimierender Ausgleich würde das "Ich", das "Es" beherrschend, entstehen, das verdrängend psychische Störungen, sublimierend jedoch kulturelle Leistungen zur Folge hätte.

Sigmund Freud hatte mit seinen Entdeckungen ein neues Heilverfahren begründet, die Psychoanalyse, und lenkte die Aufmerksamkeit der Forschung auf die Bedeutung der frühen Kindheit für die Entwicklung der Persönlichkeit. Er hatte mit der Entdeckung des Unbewussten der Erkenntnis zum Durchbruch verholfen, dass psychische Störungen psychisch bedingt und behandelbar sind, und eröffnete so den Weg, diese leidvollen Störungen verstehend zu heilen. Mit der Psychotherapie hatte er eine heilsame zwischenmenschliche Situation geschaffen, ohne darum zu wissen und ohne rechtes Verständnis dafür. Auf dem Hintergrund seiner Trieblehre fehlte ihm das Verständnis für den Widerstand und die Übertragung als Ausdruck der Erlebnisse des Menschen in der zwischenmenschlichen Beziehung. Dennoch verlagerte sich mit seinen Entdeckungen das Schwergewicht in der Behandlung von der symptomspezifischen Erinnerung zur Analyse des Widerstands und der Deutung der Übertragung. Indem er den Vorgängen in dieser Situation mehr Bedeutung einräumte als den geschilderten Erinnerungen, begründete er eine Tendenz, die nach dem Ersten Weltkrieg von seinen Schülern aufgegriffen werden sollte und zu neuen technischen Experimenten in der Therapie führte.

Die Psychoanalyse, die während des Ersten Weltkrieges einigen theoretischen Wandlungen unterworfen wurde, blieb in ihrer therapeutischen Technik unverändert. Die Aufgabe des Therapeuten bestand darin, den regressiven Assoziationen des Patienten passiv zu folgen, um sie zu einem günstigen Zeitpunkt, Übertragung und Widerstand nutzend, derart zu deuten, dass die Verdrängung aufgehoben, die pathogenen Erlebnisse bewusst werden würden. Die nun bereits langjährige Erfahrung mehrerer Psychoanalytiker mit dieser Technik stellte diese vor verschiedene Probleme, die insgesamt eine dauerhafte Heilung des Patienten vereitelten. Diese Krise veranlasste einige von ihnen, neue Experimente in der psychotherapeutischen Situation zu wagen.

Sándor Ferenczi, der von einem unerschütterlichen Wunsch, Hilfe zu leisten, getragen war, konzentrierte seine Aufmerksamkeit auf die Vorgänge der Übertragung und Gegenübertragung in der analytischen Situation, stets bereit, eigene Fehler in Rechnung zu stellen, wenn die Heilung nicht voranschritt. Er ging der Frage nach, ob es dem Analytiker möglich sei, "durch sein eigenes Benehmen dem Kranken gegenüber die Kur zu fördern".[14] Ausgehend von der Überlegung, dass die Regression bis zu den vorsprachlichen "traumatischen Erlebnissen" nicht geglückt sei, befürwortete er die erhöhte Aktivität des Analytikers und das Ausleben der verdrängten Erlebnisse des Patienten. Er wich mit der Einführung einer aktiveren Technik von Freuds Forderung nach Passivität des Analytikers ab.

Das darauffolgende verstärkte Auftreten zum Teil erheblicher Angstzustände veranlasste Ferenczi dazu, die psychoanalytische Theorie erneut zu überdenken. Wenn der Patient bis anhin unbekannte Angstzustände erlebte, die sich auch in der therapeutischen Situation nicht legten, so folgerte er, erlebe der Patient den Kontrast nicht zwischen der kindlichen und der

---

14 Ferenczi, Sándor. Weiterer Ausbau der "aktiven Technik" in der Psychoanalyse (1920). In: ders. *Bausteine zur Psychoanalyse.* Band II. Frankfurt am Main 1984, S. 81.

heutigen Situation. Ferenczi kam zu der Auffassung, dass der Therapeut ein Milieu zu schaffen habe, das dem Patienten erlaube, Vertrauen zu fassen. "Dieses Vertrauen ist jenes gewisse Etwas, das den Kontrast zwischen der Gegenwart und der unleidlichen, traumatogenen Vergangenheit statuiert."[15] Die Meinung, dass es dem erwachsenen Patienten an Liebe mangele, die der Therapeut ihm nachträglich zur Gesundung zuteil werden lassen müsse, verleitete Ferenczi zu einem regressiven therapeutischen Vorgehen, das auch heute noch unter Psychotherapeuten heillose Verwirrung stiftet. In der auf einem fehlerhaften Menschenbild beruhenden Regressionstherapie wuchern die Schwächegefühle des Patienten, weil der Therapeut den Menschen keinem vertieften Verständnis seiner Erlebnislage zuführt und, statt ihn in seiner gegenwärtigen Lebenssituation gemeinschaftsbezogen zu ermutigen, in eine immer stärkere Abhängigkeit zu ihm bringt.[16]

Der Aufbau einer für den Hilfesuchenden vertrauensvollen Atmosphäre, die dem Patienten erst ein neuartiges Erlebnis verschaffen könne, stellte neue Anforderungen an den Therapeuten und setzte eine Ausbildung voraus; Ferenczi formulierte als zweite psychoanalytische Grundregel: "(. . .) dass jeder, der einen anderen analysieren will, zuerst selber analysiert sein

---

15 Ferenci, Sándor. Sprachverwirrung zwischen den Erwachsenen und dem Kind (1932). In: ders. *Bausteine zur Psychoanalyse.* Band III. Frankfurt am Main 1984, S. 516.

16 vgl. Erdmenger, A. Regression in der Psychotherapie – Fortschritt oder Rückschritt? In: *Menschenkenntnis.* 1987/3, S. 6ff.

muss."[17] Nur die präzise, gleichsam "handwerkliche Ausbildung", die nach der Lehranalyse auch erste kontrollierte Analysen unter Supervision vorsah, erlaube es, die Fehler zu vermeiden, die aus mangelnder Kenntnis der Gegenübertragung, der Eitelkeit und des Ehrgeizes des Therapeuten entstünden.

Ferenczi hatte durch seine technischen Experimente die therapeutische Situation als Beziehung zweier Menschen zu sehen begonnen, in der die Übertragung als Bestandteil einer Haltung des Patienten aufzufassen war. Ohne jemals der Triebtheorie Freuds offen entgegenzutreten, hatte Ferenczi doch der Ich-bildung eine eigenständige soziale Genese gegeben. "Ferenczi war überzeugt, dass Liebe für die Gesundheit eines Kindes ebenso lebenswichtig ist wie Nahrung. Mit ihr fühlt sich das Kind sicher und hat Vertrauen in sich selbst. Ohne sie wird es neurotisch krank."[18] Diese Ansätze Ferenczis fanden in der von ihm belebten "Budapester Schule" reiche Unterstützung. Ferenczis Überlegungen fanden durch seine zahlreichen Schüler aus aller Welt Verbreitung. Das Ehepaar Balint trug sie an die Londoner Tavistock-Klinik, an der auch John Bowlby mit ihnen in Berührung kam. Im Jahre 1931 hielt sich Clara Thompson auf Vorschlag ihres Lehrers Harry Stack Sullivan zu einer Analyse bei Ferenczi in Budapest auf und brachte dessen neue Ansichten nach Amerika.

---

17 Ferenczi, Sándor. Die Elastizität der psychoanalytischen Technik (1927). In: ders. *Bausteine zur Psychoanalyse.* Band III. Frankfurt am Main 1984, S. 382.

18 Thompson, Clara. Ferenczi's contribution to psychoanalysis. In: *Psychiatry.* 1944, S. 247.

Die amerikanische Psychiatrie

In den Vereinigten Staaten hatte der Psychiater Harry Stack Sullivan nach dem Ersten Weltkrieg am St. Elisabeth Hospital in Washington mit der psychotherapeutischen Behandlung schizophrener Patienten begonnen, ganz im Gegensatz zu der damals vorherrschenden psychiatrischen Lehrmeinung, nach der die Äusserungen der Patienten nicht verstehbar seien. Auch Freud fürchtete, dass eine Psychoanalyse bei psychotischen Erkrankungen unmöglich sein könne, weil dieser Patientengruppe der Aufbau einer Übertragungsbeziehung verwehrt wäre. Doch bereits Ferenczi gab seiner Hoffnung Ausdruck, "dass die psychoanalytische Forschung, indem sie noch tiefer in die Mechanismen dieser Krankheitsformen eindringt, mit der Zeit ähnliche Erfolge in der Therapie der Psychosen zustande bringen wird wie heute schon bei den sogenannten Psychoneurosen".[19] William Alanson White, ein Lehrer Sullivans, machte diesen auf die psychoanalytische Literatur aufmerksam und vertrat selbst die Auffassung, dass der Psychiater den Sinn dessen verstehen müsse, was der Patient zu äussern oder zu tun versuche. Von diesem Grundsatz liess sich Sullivan in seinem Versuch leiten, an der 1923 eigens für seine Arbeit eingerichteten Abteilung am Sheppard-and-Enoch-Pratt-Hospital nach Möglichkeiten des therapeutischen Zugangs zu schizophrenen Patienten zu suchen.

Im psychotherapeutischen Gespräch bemühte sich Sullivan in Abkehr von Freuds Abstinenzprinzip um eine direktere

---

19 Ferenczi, Sándor. Die Bedeutung Freuds für die Mental-Hygiene-Bewegung (1926) In: ders. *Bausteine zur Psychoanalyse*. Band III. Frankfurt am Main 1984, S. 305.

Beziehungsaufnahme. Er betrachtete die Psychotherapie als eine Begegnung zweier Menschen, in der sich der Patient durch die Hilfe des Therapeuten einen Gewinn erhofft. Sullivan war der festen Überzeugung, dass – "wann immer der Patient auch nur einen schwachen Schimmer von Hoffnung erhält – er auch streben wird, gesund zu werden".[20] Die Aufgabe des Therapeuten sah er darin, sich ein Bild über den Werdegang des Patienten zu verschaffen und darüber, was er in seinem Leben als Schwierigkeit empfindet. Sullivan betonte, dass der Therapeut nur dann angemessene Antworten und Eindrücke gewinnen würde, wenn er, seine Distanz überwindend, als teilnehmender Beobachter dem Patienten begegnet. Die Beziehungsbildung sei ein hochempfindlicher interpersonaler Prozess, der nur gelinge, wenn der Analysand sich in seiner Selbstachtung nicht gefährdet fühle und Vertrauen zum Therapeuten, der ein "Experte in Zwischenmenschlichkeit" werden sollte, fassen könne. "Achtung vor der Persönlichkeit des anderen und klare Erkenntnis des Gefühls der Unsicherheit beim anderen stellen das erste Element des fachmännischen Könnens im Bereich der zwischenmenschlichen Beziehung dar. (. . .) Und wenn der Ratsuchende dieses Element nicht findet (. . .), wird ihm (die Situation) nicht verlockend erscheinen, und die Ergebnisse des Gesprächs werden nicht sehr aufschlussreich sein."[21]

In seiner therapeutischen Arbeit hatte Sullivan bemerkt, dass die psychotischen Störungen seiner Patienten stets einhergingen mit einer schweren Erschütterung ihres Selbstwertgefühls. Dieser Einbruch schien im Zusammenhang zu stehen mit einer

---

20 Sullivan, Harry Stack. *Clinical Studies in Psychiatry.* New York 1962, S. 265. (Übers.: J. Rattner.)

21 Sullivan, Harry Stack. *Das psychotherapeutische Gespräch.* Frankfurt am Main 1976, S. 28.

mangelhaften Vorbereitung des Patienten auf zu erwartende Probleme und einer aus der Kindheit herrührenden fehlerhaften Wertorientierung, insbesondere im Bereich der Sexualität. Der Jugendliche fühle sich mit dem Erwachen sexueller Strebungen während der Adoleszenz häufig überfordert, einerseits aus sexueller Unaufgeklärtheit, andererseits aus Mutlosigkeit, Beziehung zum anderen Geschlecht aufzunehmen.

Diese ersten Resultate seiner Forschung bildeten auch die Grundlage für seine interpersonale Theorie der seelischen Störungen. Die Entwicklung des Selbstwertgefühls steht nach Sullivan in engem Zusammenhang zu den Erfahrungen, die der Mensch in seinen frühkindlichen Beziehungen gemacht hat. Das Kind ist in den ersten Lebensjahren von seinen Beziehungspersonen abhängig, an deren Gefühlen es sich zunächst ausschliesslich stimmungsmässig orientiere: "Spannung infolge von Angst in der mütterlichen Bezugsperson induziert im Säugling Angst."[22] Das Kind könne in dieser "empathischen Beziehung" zur Mutter deren Gefühlswelt noch nicht als von sich verschieden wahrnehmen. Ängstliche oder ablehnende Gefühle der Mutter rufen beim Kind starke Gefühle der Angst hervor, denen es aufgrund seiner Angewiesenheit ausgeliefert ist und die es daher nicht selbständig beheben, sondern allenfalls vermeiden kann. So fliessen die Wertvorstellungen, Meinungen und Vorurteile der Erzieher als bejahende oder verneinende Stellungnahme zum Verhalten des Kindes in dessen Gemüt ein. Ablehnende Reaktionen trägt das Kind gefühlsmässig mit sich, und diese formen seine Erwartungen für die Zukunft. Zu den auf diese Weise entstehenden Vorsichts- und Schutzmassnahmen, die der einzelne ergreift, zählt, dass

---

22 Sullivan, Harry Stack. *Die interpersonale Theorie der Psychiatrie*. Frankfurt am Main 1980, S. 65.

die Wahrnehmung zwischenmenschlicher Situationen auf diesem subjektiven Erlebnishintergrund verzerrt erfolgt und dass das "Selbstsystem" gefährdende Ereignisse in "auswählender Unaufmerksamkeit" übergangen werden.

Diese Einsichten, die Sullivan in das menschliche Denken, Fühlen und Handeln gewinnen konnte, führten zu einer Wende von der psychoanalytischen Trieblehre zur personalen Auffassung vom Menschen. In der Psychologie handelt es "sich immer um die Erforschung des gestörten Lebens einer sich als Ich empfindenden menschlichen Person. Der Krankheitsherd liegt aber trotzdem nicht innerhalb einer abgeschlossenen, der Forschung nicht zugänglichen Individualität, sondern in der besonderen Form von zwischenmenschlichen Beziehungen, die sich in dieser bestimmten Person verdichten und gegenseitig verknüpfen."[23]

Als ausschlaggebend für das Lebensgefühl des einzelnen Menschen und sein Wohlergehen im Zusammenleben mit anderen erkannte Sullivan die Erlebnisse in der zwischenmenschlichen Beziehung. So definierte er die Psychiatrie als "das Studium der Prozesse, die sich zwischen Menschen abspielen. Das Gebiet der Psychiatrie ist das der zwischenmenschlichen Beziehungen, und zwar unter allen und jeden Bedingungen, in welchen solche Beziehungen stattfinden. Es wurde erkannt, dass eine Persönlichkeit niemals isoliert werden kann vom Komplex der

---

23 Kaiser, Annemarie. *Das Gemeinschaftsgefühl – Entstehung und Bedeutung für die menschliche Entwicklung. Eine Darstellung wichtiger Befunde aus der modernen Psychologie.* Zürich 1981, S. 141.

zwischenmenschlichen Beziehungen, in welchem die Person lebt und ihr Dasein hat."[24]

Die Genesung schizophrener Patienten, die Sullivan im heilenden, intensiven Gespräch erzielte, begründeten seine Erkenntnis, dass hereditäre oder somatische Faktoren für die Schizophrenie ohne Bedeutung sind. "Ich hege nicht den Schatten eines Zweifels in meinem Innern, dass Geisteskrankheiten aus Lebenserfahrungen herrühren."[25] Die Überzeugung, dass eine heilsame Beziehungsbildung auch bei schweren psychischen Störungen möglich ist, teilte auch Frieda Fromm-Reichmann, die bei ihrer Emigration in die Vereinigten Staaten im Sommer 1935 bereits auf eine zwölfjährige Erfahrung als Psychoanalytikerin zurückblicken konnte. Sie vervollkommnete die aktive, direkten emotionalen Zugang suchende therapeutische Technik, wie sie Sullivan vorgezeichnet hatte. Seine Lehre von der Bedeutung der zwischenmenschlichen Beziehung trug erheblich zu einer Modifikation ihrer Anschauungen bei, die die Grundlage ihres Wirkens im Chestnut-Lodge-Sanatorium bildeten.

Frieda Fromm-Reichmann; stellte das gefühlsmässige Wechselspiel in der Beziehung zwischen Patient und Arzt ganz in den Mittelpunkt der Psychotherapie; die Eindrücke und Erfahrungen, die der Patient in seiner Lebensgeschichte gesammelt hat, trägt er mit sich und bringt sie als Beziehungsmuster in der therapeutischen Situation zum Ausdruck. Die Notwendigkeit, das Erleben des Patienten einfühlend abzutasten, fasste sie in den schlichten Ausdruck: "Der Psychotherapeut muss zuhören

---

24 Sullivan, Harry Stack. *Conceptions of modern psychiatry.* New York 1940, S.10 (Übers.: J. Rattner.)

25 Sullivan, Harry Stack. *Clinical studies in psychiatry.* New York 1956, S. 359. (Übers.: J. Rattner.)

können."[26] Erst dann ist der Psychotherapeut in der Lage, der in jedem einzelnen Fall individuellen Bedeutung der Mitteilung gerecht zu werden. Die individuell zu ermessende Bedeutung auch ähnlicher Mitteilungen "hängt von der Geschichte und dem Lebenshintergrund des einzelnen ab, von der daraus erwachsenen Gesamtstruktur seiner Persönlichkeit und den allgemeinen sozialen Gegebenheiten. Es folgt daraus, dass eine deutende Psychotherapie nur wirksam sein kann, wenn sie den zwischenmenschlichen Bezugsrahmen, der für die Persönlichkeit des jeweiligen Patienten spezifisch ist, voll und sorgfältig berücksichtigt."[27] Es ist heillos und für den Menschen verletzend, an ihn gleichsam schematisch herantreten zu wollen.

Ausgehend von einem selbstlosen Interesse des Therapeuten an der Gesundung des Patienten können dessen misstrauischen oder feindseligen Gefühle beruhigt oder aggressive Impulse zurückgewiesen und eine Übertragungsbeziehung aufgebaut werden. Immer müsse der Therapeut gewissenhaft dafür Sorge tragen, dass Ängste des Patienten nicht aktualisiert werden, und es als seine Pflicht ansehen, die Selbstachtung des Patienten zu heben. Frieda Fromm-Reichmann hebt hervor, dass "eine der ersten Vorbedingungen für eine erfolgreiche Psychotherapie die Achtung vor dem Patienten, auch dem geistesgestörten ist. Diese Achtung kann aber nur aufrichtig sein, wenn sich der Psychotherapeut darüber klar ist, dass die Lebenskonflikte des Patienten sich von seinen eigenen nicht allzu sehr unterscheiden. Dies ist nicht etwa nur eine menschenfreundliche oder sentimentale Hypothese, sondern meine wissenschaftliche

---

26 Fromm-Reichmann, Frieda. *Intensive Psychotherapie.* Stuttgart 1959, S. 22.

27 Fromm-Reichmann, Frieda. *Intensive Psychotherapie.* Stuttgart 1959, S. 87.

Überzeugung."[28] Ängste der Patienten seien Indikatoren der Gefahr, die jeder Mensch erlebt, sobald das Selbstwertempfinden im gefühlsmässigen Vergleich mit der erlebten elterlichen Bewertung zu sinken droht. Der Therapeut könne regressiven Tendenzen vorbeugen, indem er stets dem Patienten seinem tatsächlichen Alter entsprechend begegne. "(. . .); in der Haltung des Therapeuten muss immer auch die dem wirklichen Alter des Patienten gebührende Achtung zum Ausdruck kommen, und er muss spüren können, dass ihm eine verlässliche Beziehung auf der Ebene seines realen Lebens angeboten wird. Bis zu einem gewissen Grad muss auch die Angst des Patienten vor emotionaler Nähe respektiert werden – bis er sie abbauen kann; auf keinen Fall darf man versuchen, sie durch eine Haltung privater Nähe zu umgehen, da dies nur den ganzen Kleinmut des Patienten auf den Plan rufen würde."[29]

Die Möglichkeiten, die Beziehung zum Patienten als das eigentliche Instrument der Psychotherapie zu nutzen, sind nach Frieda Fromm-Reichmann ausschliesslich von der Persönlichkeit und "festgefügten Selbstachtung"[30] des Psychotherapeuten abhängig. Entsprechende Sorgfalt sollte er seiner Ausbildung angedeihen lassen, so dass er nicht verleitet ist, anderes anzustreben als den verstehenden Mitvollzug der emotionalen Erfahrung, die ihm der Patient mitteilt. "Es ist dies einer der

---

28 Fromm-Reichmann, Frieda. *Intensive Psychotherapie.* Stuttgart 1959, S. 13 f.

29 Kaiser, Annemarie. *Das Gemeinschaftsgefühl – Entstehung und Bedeutung für die menschliche Entwicklung. Eine Darstellung wichtiger Befunde aus der modernen Psychologie.* Zürich 1981, S. 108.

30 Fromm-Reichmann, Frieda. *Intensive Psychotherapie.* Stuttgart 1959, S. 31.

Hauptgründe, warum wir die persönliche Lehranalyse als Voraussetzung jeglicher intensiven Psychotherapie für unerlässlich halten."[31] Neben der befriedigenden Ordnung seines privaten und beruflichen Lebens sollte sich der Psychotherapeut nach der Lehranalyse auf ein andauerndes Studium und eine fortwährende Persönlichkeitsschulung unter Supervision einstellen. "Es ist sowieso eine schwere Aufgabe, angesichts der hohen emotionellen Anforderungen, die der Beruf des Psychotherapeuten stellt, die hier skizzierten persönlichen und beruflichen Bedingungen ständig zu erfüllen. Aus diesen Gründen sollte der Psychotherapeut im Laufe seines Berufslebens mehrmals eine psychoanalytische Bestandsaufnahme vornehmen."[32]

Die Neopsychoanalyse

Sullivans psychiatrische Befunde hatten ihn mehr und mehr auf die Tatsache aufmerksam gemacht, dass das Kind beim Hineinwachsen in das Leben von den Traditionen, Wertvorstellungen, Vorurteilen und Meinungen über die Lebensfragen geprägt ist. "Die Lebensgeschichte des Individuums ist in erster Linie eine Anpassung an die in seiner Gemeinschaft tradierten Muster und Standards. Vom Augenblick der Geburt an formen die Sitten und Gebräuche, in die er hineingeboren wird, seine Erfahrungen und sein Verhalten. Zu dem Zeitpunkt, da er sprechen kann, ist er bereits ein kleines Geschöpf seiner Kultur; und zu dem Zeitpunkt, da er erwachsen ist und an ihren Aktivitäten

---

31 Fromm-Reichmann, Frieda. *Intensive Psychotherapie.* Stuttgart 1959, S. 21.

32 Fromm-Reichmann, Frieda. *Intensive Psychotherapie.* Stuttgart 1959, S. 54.

teilhaben kann, sind seine Gewohnheiten ihre Gewohnheiten, seine Anschauungen ihre Anschauungen, seine Tabus ihre Tabus."[33] In dieser Erkenntnis fand er Unterstützung in den Arbeiten der Sozialpsychologie George Herbert Meads und den kulturanthropologischen Studien Bronislaw Malinowskis und Ruth Benedicts, die auf kulturelle Einflüsse in der Persönlichkeitsentwicklung hinwiesen. Als Sullivan 1930 nach New York übersiedelte, ergab sich mit dieser Forschergruppe eine engere Zusammenarbeit. Dort traf er auch auf die aus Europa vor dem Faschismus geflohenen Psychoanalytiker Erich Fromm und Karen Horney. Die entstehende Zusammenarbeit dieser Gruppe mündete schliesslich in der "cultural interpersonal school"[34], der Neopsychoanalyse.

Erich Fromm war bestrebt, dem Relativismus die Möglichkeit einer auf wissenschaftlichen Erkenntnissen beruhenden, humanistischen Ethik gegenüberzustellen, mit deren Hilfe sich, am Leitfaden der gemeinschaftsbezogenen Vernunft festhaltend, beurteilen lässt, was nützlich und unnütz, was schädlich und was für den Menschen günstig ist. Dieses Unternehmen steht im Zusammenhang mit der Erforschung der menschlichen Natur, deren beobachtbare Aggressivität nach tiefenpsychologischer Erkenntnis keinen triebhaften Ausdruck ihres Wesens darstellt. In der Frage nach den Zielen der Persönlichkeitsentwicklung in der Psychotherapie ist eine vernunftgeleitete Ethik von grosser Bedeutung. Die Anregungen Fromms festigten die kulturelle und Ich-psychologische Orientierung der Neopsychoanalyse.

---

33 Benedict, Ruth. Patterns of culture. Zit. in: Sullivan, Harry Stack. *Die interpersonale Theorie der Psychiatrie*. Frankfurt am Main 1980, S. 49.

34 Thompson, Clara. *Die Psychoanalyse: ihre Entstehung und Entwicklung*. Zürich 1982, S. 27.

Karen Horney war bereits über zwanzig Jahre als Psychoanalytikerin in Berlin tätig gewesen, als sie 1932 nach New York kam. "Meine Absicht, eine kritische Neuwertung der psychoanalytischen Theorien zu vollziehen, hat ihren Ursprung in der Unzufriedenheit mit den therapeutischen Erfolgen. Ich fand, dass nahezu jeder Patient uns vor Probleme stellte, für die unser bisheriges psychoanalytisches Wissen keine Lösung bot und die daher ungelöst blieben."[35] Der Kontakt mit dem Gedankengut der Kulturanthropologen, der Einfluss Sullivans und anderer Psychoanalytiker wie Erich Fromm sowie die Anregungen, die von der stillen Aufnahme des Werkes Alfred Adlers ausgingen, ermutigten Karen Horney, über Freud hinausweisende neue Wege in der Psychoanalyse zu gehen. Sowohl in ihrer Kritik an der Psychoanalyse als auch in der Formulierung ihrer eigenen Theorie stützte sie sich wesentlich auf die Einsicht, dass die Einflüsse der Kultur das Gefühlsleben des einzelnen verzerren. "Dass nicht alle Menschen innerhalb einer Kultur in gleichem Masse neurotisch werden, ist kein stichhaltiger Einwand gegen die Kulturbedingtheit der Neurose, ist doch jeder wieder auf andere Art und in sehr verschiedenem Masse, in nur einer oder in mehrerer Hinsicht den das Leben erschwerenden Kultureinflüssen ausgesetzt."[36] Entsprechend ihrer grundsätzlichen Kritik an Freuds Trieblehre änderte sich auch die therapeutische Technik.

---

[35] Horney, Karen. *Neue Wege in der Psychoanalyse.* München 1977, S. 7.

[36] Kaiser, Annemarie. *Das Gemeinschaftsgefühl – Entstehung und Bedeutung für die menschliche Entwicklung. Eine Darstellung wichtiger Befunde aus der modernen Psychologie.* Zürich 1981, S. 121.

Horney verwarf die psychoanalytische Trieblehre und betrachtete die Persönlichkeit als ganz aus gefühlsmässigen Antrieben in der zwischenmenschlichen Beziehung motiviert. Die familiären Beziehungen, in die die kulturellen Werte und Vorstellungen formend einfliessen, bilden nach Horney den Hintergrund der kindlichen Entwicklung, wie sie in der psychotherapeutischen Situation bei der erwachsenen Persönlichkeit zum Vorschein kommt. Aus der Art, wie der junge Mensch seine Mitmenschen erlebt und die kulturellen Werte auffasst, schaffe er sich gewissermassen einen angstmeidenden Plan, der mehr oder weniger Distanz und Schwäche im Gefühl zu den Mitmenschen nach sich zieht. Es sind jedoch nicht nur die frühkindlichen Strukturen, die in der analytischen Beziehung zum Tragen kommen, wie es der Freudschen Vorstellung vom Wiederholungszwang entsprochen hätte, sondern jene sind überlagert durch spätere Erfahrungen und bilden zusammen eine erlernte, individuelle Perspektive.

Ausgehend von der Ansicht, dass die Übertragung als Charakterhaltung des Menschen aufzufassen sei, setzte sich Horney dafür ein, nicht nur die gegenwärtige Beziehung des Patienten zum Therapeuten zu beobachten, sondern darüber hinaus seine gesamte Lebenssituation zu untersuchen. Von den Schwierigkeiten in den aktuellen Beziehungen sollte das Gespräch ausgehen und Erinnerungen an die Kindheit nur so weit einbeziehen, als sie einer gefühlsmässigen Einsicht des Patienten in sein aktuelles Erleben förderlich sind. Der umgekehrte Gesprächsverlauf, wie er in der Psychoanalyse durchaus üblich war, sei zu sehr mit einer Einsicht verschliessenden, ängstlichen Abwehr des Patienten verbunden. In der psychoanalytischen Therapie sei eine Gefühlsumwandlung das Ziel. "Es geht nicht nur darum, die Symptome zu beseitigen, sondern eine solche Veränderung der Persönlichkeit zu erzielen, dass die Symptome nicht wiederkehren können. Das wird durch die Analyse des Charakters erreicht."[37]

Die Bedeutung des kulturellen Einflusses auf die Persönlichkeitsentwicklung ist grundlegend bei der Beantwortung der Frage, worin eine gesunde Entwicklung besteht – und zwar vor allem für den Psychotherapeuten selbst, der in der Kultur gross geworden ist. Nach Horney besteht die Gefahr, dass im psychotherapeutischen Gespräch Probleme übersehen oder fehlerhaft eingeschätzt werden, weil der Psychotherapeut nur ein ungenügendes Verständnis von der Bedeutung der kulturellen Werte für das Erleben des einzelnen hat. "Menschliches Wachstum vollzieht sich immer im Rahmen einer bestimmten Kultur mit bestimmten ethischen Normen und Idealen, die sich gegenseitig widersprechen oder in ihrer Gesamtheit zu den Bedürfnissen der menschlichen Natur in Gegensatz stehen können. Eine genaue Kenntnis dieser Normen ist unerlässlich zum Verständnis der das Persönlichkeitswachstum störenden Faktoren."[38]

Die personale Auffassung

Alfred Adler, der Begründer der Individualpsychologie, hatte bereits zwei Jahrzehnte vorher seine psychotherapeutische Arbeit auf der Grundlage eines wissenschaftlich fundierten Menschenbildes aufgebaut. Er erkannte im Gemeinschafts-

---

37 Horney, Karen. *Neue Wege in der Psychoanalyse.* München 1977, S. 147.

38 Kaiser, Annemarie. *Das Gemeinschaftsgefühl – Entstehung und Bedeutung für die menschliche Entwicklung. Eine Darstellung wichtiger Befunde aus der modernen Psychologie.* Zürich 1981, S. 117f.

gefühl als der Beziehungsfähigkeit des Menschen den Massstab für dessen seelische Gesundheit. "Adler sah das Problem der Störungen des Gemeinschaftsgefühls aber nicht nur im Zusammenhang mit der individuellen Entwicklung des einzelnen Menschen, sondern er untersuchte auch gesellschaftliche und kulturelle Phänomene hinsichtlich ihres Einflusses auf die Persönlichkeitsentwicklung und das Zusammenleben der Menschen."[39]

Auf diesen Grundlagen aufbauend förderte und verbreitete Friedrich Liebling die tiefenpsychologische Menschenkenntnis mit dem Aufbau der Psychologischen Lehr- und Beratungsstelle, dessen Arbeit heute im VPM unter der fachlichen Leitung von Dr. Buchholz-Kaiser fortgeführt und weiterentwickelt wird. "Ausgehend von dem Menschenbild, das sich als Resultat des (. . .) dargelegten Weges in der Geschichte der neueren Psychologie ergibt, wurde im Zürcher Modell das Experiment unternommen, einige der bisher gültigen Normen zu überschreiten, zum Beispiel von der Homogenität der Teilnehmer und der strikten Beschränkung auf die Kleingruppe von 8 bis 10 Teilnehmern abzuweichen; ferner wird im Zürcher Modell dem Ratsuchenden gleichzeitig mit der therapeutischen Hilfe Einblick in den kulturellen Hintergrund und theoretischen Zusammenhang seiner Problematik vermittelt. Nicht abgewichen wird dagegen von der Verpflichtung, als Anliegen und Mittelpunkt des Gruppengeschehens den einzelnen Ratsuchenden und die Psychodynamik der individuellen Persönlichkeit zu betrachten und die Behandlung auf die Bedürfnisse und Möglichkeiten jedes einzelnen abzustimmen. Übereinstimmung besteht zum

---

39 Kaiser, Annemarie. *Das Gemeinschaftsgefühl – Entstehung und Bedeutung für die menschliche Entwicklung. Eine Darstellung wichtiger Befunde aus der modernen Psychologie.* Zürich 1981, S. 159.

Beispiel auch darin, dass das Nacherleben der emotionalen Verletzung aus der Vergangenheit nur in einer von den ursprünglichen Bedrohungen sowie angsteinflössenden Bewertungen und Reaktionen freien Atmosphäre möglich ist und dass demnach eine Gruppe nur therapeutisch sein und bleiben kann in einem Klima der Gleichwertigkeit und des freien Spielraumes für die freie und spontane Entwicklung jedes einzelnen Teilnehmers; ferner darin, dass eine Neuorientierung und Gesundung der Persönlichkeit nur in der Verpflichtung auf die Realität möglich ist."[40] Als ausschlaggebend für das Gelingen des therapeutischen Prozesses erweist sich immer wieder, inwieweit der Psychologe kraft seiner Persönlichkeit eine Stimmung schaffen kann, die es dem Hilfesuchenden erlaubt, Vertrauen zu fassen. Adler selbst betonte bereits, dass der Psychologe "für eine seelische Situation sorgen (müsse), die vertrauensvoll ist",[41] der Patient würde sich ansonsten weder öffnen noch zuhören. Auch für die Arbeit in Gruppen zeigt die Erfahrung, dass der Psychologe der Vertrauensbildung sorgfältig Rechnung tragen muss, so dass der Hilfesuchende sich im Gefühl der Sicherheit anzuvertrauen vermag.

Es liegt auf der Hand, dass der Psychologe eine solche Vertrauensbildung nicht schematisch einleiten kann: Dies würde der Individualität menschlichen Lebens nicht gerecht. "Jeder einzelne Fall stellt etwas Einmaliges dar, etwas nie Wiederkeh-

---

40 Kaiser, Annemarie. *Das Gemeinschaftsgefühl – Entstehung und Bedeutung für die menschliche Entwicklung. Eine Darstellung wichtiger Befunde aus der modernen Psychologie.* Zürich 1981, S. 164f.

41 Adler, Alfred. *Die Technik der Individualpsychologie, Zweiter Teil. Die Seele des schwer erziehbaren Schulkindes.* Frankfurt am Main 1974, S. 37.

rendes."[42] Vielmehr wirkt der Psychologe mit seiner gesamten Persönlichkeit, seiner eigenen gefühlsmässigen Einstellung zum Mitmenschen, die der Hilfesuchende im Feinen erspürt. Die vom Psychologen geforderte gefühlsmässige Einstellung, die einen sicheren Standpunkt zur Natur des Menschen beinhaltet, darf nicht als angewandte Technik verstanden werden, "sondern als Haltung, die zutiefst gelebt werden muss".[43]

Adler hat bereits darauf aufmerksam gemacht, dass der Psychologe "sich eine zureichende Kenntnis aller möglichen sozialen Verhältnisse und Missstände verschaffen muss, um richtig sehen zu können."[44] Er selbst stellte immer wieder Fälle im grösseren Kreis vor, um den teilnehmenden Beobachtern Gelegenheit zum Lernen zu geben; sein schriftliches Werk besteht grossenteils aus Fallgeschichten. Adler betonte, dass diejenigen in der Lage seien, Psychologen zu werden, die "den Wert des Menschen durch das Erleben eigener oder durch Mitempfinden fremder seelischer Not schon irgendwie erkannt haben".[45] Nur wer genügend soziale Erfahrung besitzt, kann die individuell vorliegende Schwere und Wucht eines Problems richtig verstehen.

---

[42] Adler, Alfred. *Der Sinn des Lebens.* Frankfurt am Main 1973, S. 117.

[43] Buchholz-Kaiser, Annemarie. *Individualpsychologische Bildungsarbeit – Aspekte der analytischen Bearbeitung von Persönlichkeitsproblemen in Gruppen.* Vortrag, gehalten am 16. Kongress der Internationalen Vereinigung für Individualpsychologie, Montreal 1985, Zürich 1991, S. 15.

[44] Adler, Alfred. *Menschenkenntnis.* Frankfurt am Main 1966, S. 23.

[45] Adler, Alfred. *Menschenkenntnis.* Frankfurt am Main 1966, S. 23.

In der Einzel- und Gruppentherapie, wie sie im VPM geübt wird, sehen wir eine Gelegenheit für alle Teilnehmer, sich in der Menschenkenntnis zu schulen: es zeigt sich, dass der Teilnehmer im anteilnehmenden Zuhören oder in der aktiven Beziehungsaufnahme ihm bis anhin fremde Lebensbereiche und Lebensgefühle achten- und kennenlernen kann. Dies trägt zu einer Überprüfung eigener Wertvorstellungen bei und erweitert die Kenntnis der Lebensprobleme. Die Gruppenarbeit erlaubt zudem eine Intensivierung der eigenen Gefühlsschulung, und zwar einerseits dadurch, dass beim Teilnehmer Gefühlsmomente aufleben können, die er aus der familiären Umgebung kennt, und andererseits dadurch, dass ihm die aktive Anteilnahme am Gefühlsleben anderer eine Erhellung seines eigenen bedeuten kann. Einfühlung und Verstehen können so immens verfeinert und geschult werden.[46] "Hier muss alles fest gehämmert sein, von allen Seiten bewiesen. Da darf kein Stein im Bau wanken. Ja wir müssen so weit kommen, dass wir sagen können: wenn ich an derselben Stelle wäre, wenn ich denselben Irrtum in meiner Meinung vom Leben hätte wie dieser Mensch, dann würde ich ungefähr an denselben Symptomen leiden. Erst dann, nach dieser Identifizierung, können wir behaupten, dass wir wirklich einen Menschen verstanden haben."[47] Einfühlung und Verstehen bilden die Grundlage, um das Lebensgefühl jedes einzelnen Menschen richtig erfassen zu können.

---

[46] Buchholz-Kaiser, Annemarie. *Individualpsychologische Bildungsarbeit – Aspekte der analytischen Bearbeitung von Persönlichkeitsproblemen in Gruppen.* Vortrag, gehalten am 16. Kongress der Internationalen Vereinigung für Individualpsychologie, Montreal 1985. Zürich 1991, S. 2.

[47] Adler, Alfred. Symptomwahl beim Kinde. In: ders. *Psychotherapie und Erziehung. Ausgewählte Aufsätze.* Band II: 1930–1932. Frankfurt am Main 1982, S. 173.

Adler selbst lehnte es stets ab, eine Typenlehre aufzubauen, die der Einzigartigkeit menschlichen Lebens nicht gerecht werde. Er stellte demgegenüber die "individualisierende Betrachtung"[48] in den Mittelpunkt seiner Vorgehensweise: "Es ist notwendig, Schritt für Schritt sich einzufühlen in den anderen, um zu verstehen."[49] Gerade die Tatsache, dass das erhöhte Sozialleben des Menschen zur stärksten Ausprägung der Individualität führt, macht es notwendig, die Eindrücke aus der Praxis des menschlichen Lebens auf dem Hintergrund eines sicheren Standpunkts zur Natur des Menschen "in ein höheres Studium des Zusammenfassens und Verstehens hinüberzuleiten, damit das Auge schärfer und tiefer blicken lernt, als es die bisherige Erfahrung gestattete".[50] Ausgehend von sicheren anthropologischen Grundlagen kann der Psychologe "im Verständnis des fehlerhaften Einzelnen vorwärtsschreiten".[51] Dabei gebührt allen menschlichen Ausdrucksformen Aufmerksamkeit, insbesondere auch dem Mass an Bezogenheit zum Mitmenschen, wie es sich in der psychotherapeutischen Situation selbst zeigt. "Die Beratung ist für den Patienten ein soziales Problem. Jede

---

48 Adler, Alfred. *Praxis und Theorie der Individualpsychologie: Vorträge zur Einführung in die Psychotherapie für Ärzte, Psychologen und Lehrer*. Frankfurt am Main 1982, S. 114.

49 Adler, Alfred. Der Sinn des Lebens. In: ders. *Psychotherapie und Erziehung. Ausgewählte Aufsätze.* Band II: 1930–1932. Frankfurt am Main 1982, S. 79.

50 Adler, Alfred. *Menschenkenntnis.* Frankfurt am Main 1966, S. 26f.

51 Adler, Alfred. Die Systematik der Individualpsychologie. In: ders. *Psychotherapie und Erziehung. Ausgewählte Aufsätze.* Band II: 1930–1932. Frankfurt am Main 1982, S. 252.

Begegnung eines Menschen mit einem anderen ist ein solches. Es wird sich demnach jeder in seinem Bewegungsgesetz vorstellen."[52]

Es muss jedoch betont werden, dass der psychotherapeutische Prozess in der Verantwortung des Ratsuchenden liegt, und zwar insofern, als er bestimmt, wann und wieweit er sich anvertrauen möchte. Freilich obliegt es dem Psychologen, dafür Sorge zu tragen, dass der empfindliche Prozess der Vertrauensbildung weder gestört noch behindert wird. Der Hilfesuchende wird die Gelegenheit um so eher wahrnehmen, je sicherer der Psychologe eine Atmosphäre der Gleichwertigkeit, des Wohlwollens und der Zusammenarbeit zu schaffen imstande ist.

Adler hat bereits darauf hingewiesen, dass die Beziehung zwischen dem Ratsuchenden und dem Psychologen frei und gewaltlos sein muss. "Die Beseitigung jeglichen Zwanges, die freiestmögliche Beziehung, dies sind die Bedingungen, auf denen die Beziehung zwischen Patient und Arzt unbedingt beruhen muss."[53] Das Ersuchen um Hilfe kann weder als beschämend noch als abhängig machend diskreditiert werden; es ist im Gegenteil ein Akt der menschlichen Natur, der das Zusammenleben in gegenseitiger Hilfe bereichert. Diese, dem Gemeinschaftsgefühl verpflichtete hohe Ethik muss der Psychologe als Gesinnung in jeder Situation lebendig werden lassen können. "Mit dem, was Adler als Gemeinschaftsgefühl bezeichnet hat, das heisst die voll entwickelte Beziehungsfähigkeit von Mensch zu Mensch, hat der einzelne einen Massstab in der Hand, um die Auswirkungen seiner Handlungen für sich

---

52 Adler, Alfred. *Der Sinn des Lebens.* Frankfurt am Main 1973, S. 173.

53 Adler, Alfred. *Neurosen. Zur Diagnostik und Behandlung.* Frankfurt am Main 1981, S. 89.

und den anderen Menschen zu prüfen und abzuwägen. Man solle dem Menschen auf die Hände schauen, nicht auf den Mund, hat Adler öfter gemahnt. An der Handlungsweise zeigt sich, wie weit der einzelne seine eigenen Anliegen auf gesunde Art wahrnehmen und sinnvoll verwirklichen sowie gleichzeitig das Wohl des anderen Menschen im Auge behalten kann. Stärkere soziale Durchbildung der Persönlichkeit, mehr Anteilnahme als ureigenstes Anliegen zu entwickeln, dazu ist nur ein eigenständiges und freies Indivdiuum in der Lage. Freiheit ist dabei die conditio sine qua non, das heisst unerlässliche Voraussetzung, ohne die es nicht geht. Die Annäherung an dieses Ziel der Persönlichkeitsbildung ist Inhalt des psychotherapeutischen Prozesses. Diese Persönlichkeitsbildung entsteht aber nicht von selbst, sondern nur, indem wir sie entwickeln, sie leben, indem wir sie tun: Das ist individualpsychologische Ethik und Moral."[54]

Im weiteren Verlauf der Psychotherapie geraten die kindlichen Beziehungsmuster immer stärker in den Vordergrund; im Leben, aber auch in der psychotherapeutischen Situation treten sie deutlicher ins Bewusstsein. Der Psychologe und der Hilfesuchende erhalten so einen vertieften Einblick in dessen Gefühlslage. Dieser fühlt sich durch seine irrtümlichen Meinungen und verzerrten Wahrnehmungen möglicherweise schmerzhaft im Zusammenleben mit seinen Mitmenschen eingeengt. Getragen vom Verständnis der Gewordenheit dieser Gefühle kann der Psychologe den Irrtum aufklären und ihn zu einer realistischeren Sicht anleiten und ermutigen. Unerlässlich für diesen Prozess ist die unbedingte Wertschätzung des Gegenübers, das

---

54 Buchholz-Kaiser, Annemarie. Standortbestimmung. Zum Jahresbeginn 1989. In: Verein zur Förderung der Psychologischen Menschenkenntnis (Hrg.). *Jahresbericht 1988*. Zürich 1989, S. 23.

Verständnis für "seinen immerhin menschlichen Irrtum"[55] sowie die Achtung vor dem Menschen, der aufgrund seiner gemeinschaftsbezogenen Anteile in seinem bisherigen Leben schon mannigfaltige Lebensprobleme bewältigen konnte. Selbstverständlich schliesst dies aus, den Ratsuchenden herabzusetzen, zu beurteilen oder sogar zu verletzen. "Eine taktlose Wahrheit kann nie die ganze Wahrheit sein; sie zeigt, dass unser Verständnis nicht ausreicht."[56]

Der Psychologe, in ständiger Ausbildung, sollte seine Menschenkenntnis erweitern und muss eigener Charaktertendenzen gewahr werden, um sie zum Wohle der Hilfesuchenden zu verändern. Geltungsstreben, Machtstreben, Eitelkeit stellen die grössten Hindernisse dar, seinem Mitmenschen friedlich und kollegial zu begegnen. Solche oder andere, aus kulturell nahegelegten Irrtümern entspringende Tendenzen können die freie Fühlungnahme in der Psychotherapie und im übrigen Leben beeinträchtigen.

Adler legte bereits zu seiner Zeit einen hohen Massstab an die Psychotherapie, wie er für die Psychologen des VPM eine selbstverständliche Grundlage ihrer Tätigkeit ist. "Der Arzt muss die besondere Struktur und Entwicklung dieses individuellen Lebens mit einer solchen Genauigkeit erfassen und mit solcher Klarheit zum Ausdruck bringen, dass der Patient erkennt, er ist völlig verstanden."[57] Einfühlung und Verstehen, geleitet von dem Wunsch zu helfen, verstand Adler als Bestandteile des Gemeinschaftsgefühls. Sie bedürfen einer ständigen Schulung, sowohl in der Supervision als auch durch

---

55 Adler, Alfred. *Religion und Individualpsychologie.* Frankfurt am Main 1975, S. 76.

56 Adler, Alfred. *Wozu leben wir?* Frankfurt am Main 1979, S. 65.

57 Adler, Alfred. *Neurosen.* Frankfurt am Main 1981, S. 90.

die engagierte Teilnahme an therapeutischen Gruppen. Psychologen und Ärzte, die im VPM tätig sind, sind sich dessen bewusst, dass psychologische Beratung und Psychotherapie hochkomplizierte zwischenmenschliche Vorgänge darstellen und an die Persönlichkeit und das Fachwissen hohe Anforderungen stellen, denen nur mit permanenter Lernbereitschaft entsprochen werden kann.

Die Naturgeschichte

Die Kulturfähigkeit des Menschen

Das psychologische Wissen um die Bedeutung der menschlichen Beziehungsfähigkeit steht in engem Bezug zur Kenntnis der sozialen Natur des Menschen. Bereits Alfred Adler erkannte im Gemeinschaftsgefühl als einer anthropologischen Grundtatsache diesen Zusammenhang umfassend: Ohne Gemeinschaftsgefühl, ohne die aktive und gefühlsmässige Verbundenheit mit seinesgleichen kann der Mensch nicht überleben.

Die mit der Eigenart der menschlichen Existenz sich befassenden Wissenschaften stellten schon zu seiner Zeit Erkenntnisse zur Verfügung, die diese Sicht aus naturgeschichtlicher Perspektive bestätigten. Charles Darwin, der die Vielfalt der Lebensformen in ihrer Anpassung an die Umwelt einem wissenschaftlichen Verständnis zugänglich machte, sah auch die besondere Eigenart der menschlichen Lebensweise: "Die geringe körperliche Kraft des Menschen, seine geringe Schnelligkeit, der Mangel natürlicher Waffen usw. werden mehr als ausgeglichen erstens durch seine intellectuellen Kräfte (. . .) und zweitens durch seine socialen Eigenschaften, welche ihn dazuführten, seinen Mitmenschen Hülfe angedeihen zu lassen und solche wiederum von ihnen zu empfangen."[58]

---

58 Darwin, Charles. *Die Abstammung des Menschen.* (1871) Wiesbaden 1986, S. 70.

Heute ist durch Forschungsarbeiten aus den unterschiedlichen Disziplinen diese Auffassung mannigfach bestätigt und vertieft: Das Zusammenleben erbrachte die vielfältigsten Vorteile in der Anpassung an die äusseren Lebensbedingungen und kennzeichnet zusammen mit der Erweiterung der intellektuellen Fähigkeiten durch das Lernen die evolutionäre Stammesgeschichte der menschlichen Art. Das "mächtige Prinzip der Kooperation", wie es Montagu[59] bezeichnet, erfuhr in der sozialen Spielart des menschlichen Lebens seine weitgehendste Ausprägung. Bereits die menschlichen Vorfahren und auch die Primaten, als der menschlichen Art nahestehendste, lebende Verwandte im Tierreich, fanden und finden im sozialen Verband den versichernden Schutz vor den Widrigkeiten ihrer Umwelt.

Die in der Paläoanthropologie zusammengetragenen Lebensspuren von den artgeschichtlichen Vorläufern des Menschen lassen erkennen, dass ein ausgeprägtes, auf Arbeitsteilung beruhendes Gruppenleben existierte, in denen ein Wissen um die Herstellung und Benutzung von Werkzeugen ebenso bestand wie eine Kultivierung der Lebensweise in gemeinsamen Sitten und Gebräuchen.[60] Das Zusammenleben in kulturellen Gemeinschaften fand so bereits in der evolutionsbiologischen Ausformung der menschlichen Art seinen Niederschlag. Nicht die Überlebensfähigkeit des einzelnen Menschen, sondern diejenige der Gemeinschaft als Ganzes musste sich dem Angriff der äusseren Lebensumstände gegenüber als stark genug erweisen, wie

---

59 Montagu, Ashley. *The direction of human development.* New York 1955.

60 vgl. Leakey, Richard E./Roger Lewin. *Wie der Mensch zum Menschen wurde.* Hamburg 1978.

der Biologe Ernst Mayr herausstellte.[61] Das genetische Erbgut des Individuums, durch die Fortpflanzung weitergegeben und über Mutationen der genetischen Information Variationen hervorbringend, stand damit nicht mehr im Zentrum fortwährender Bewährungsproben. Genetische Veränderungen waren von da an insofern von Bedeutung, als sie die Fähigkeit des einzelnen zur Mitgestaltung eines kulturellen Lebens verbesserten. Die enorme Entwicklung des menschlichen Gehirns, die biologische Möglichkeit zur Entwicklung von Sprache und die verlängerte Kindheitsphase dokumentieren diese Veränderungen. An der biologischen Konstitution des Menschen wie an den existentiellen Lebensbedingungen ist diese Möglichkeit und Notwendigkeit zu sozialer Verbindung und Kultur, die Adler als anthropologischen Aspekt des Gemeinschaftsgefühls beschrieb, festzustellen. Adler bezeichnet in diesem Sinne den "Zusammenschluss" als "die grösste und wichtigste Erfindung des Menschengeschlechts".[62] "Soweit wir die Geschichte der Menschheit verfolgen können, ist niemals die Spur eines einzeln Lebenden zu finden. Immer hat es das Gesetz der Allgemeinheit gegeben."[63]

Mit der Verankerung der Kulturfähigkeit in der menschlichen Existenz geht ein Zurücktreten instinktiver Bindungen zugun-

---

61 "There is a great deal of evidence that human cultural groups, as wholes, can serve as the target of selection. Rather severe selection among such cultural groups has been going on throughout hominid history." Mayr, Ernst. The Origins of Human Ethics. In: ders. *Toward a new philosophy of biology.* Cambridge/London 1988, S.79.

62 Adler, Alfred. *Die Technik der Individualpsychologie. Zweiter Teil.* Frankfurt am Main 1974, S. 17.

sten einer Flexibilität des einzelnen einher, sich in das jeweilige Kulturleben zu integrieren und aktiv daran teilzunehmen. Der Mensch ist mit einer sozial gerichteten Lernfähigkeit ausgerüstet, die es ihm im zwischenmenschlichen Wechselspiel ermöglicht, die schon vorhandenen Erfahrungen seiner kulturellen Gemeinschaft, in die er hineingeboren wurde, zu erwerben. Weitgehend frei von instinktiven Festlegungen kommt der Mensch zur Welt – bereit und angewiesen auf die Verbindung zum Mitmenschen. Das menschliche Kind ist noch lange Jahre nach der Geburt vollständig auf Erziehung und Anleitung bezüglich des Gemeinschaftslebens angewiesen. Grundlegende Qualitäten wie der aufrechte Gang oder die Möglichkeit der sprachlichen Verständigung sind als Dispositionen von Geburt an in jedem Menschen vorhanden, bedürfen jedoch zu ihrer Entwicklung der sorgsamen Zuwendung der Erwachsenen. "Getragen von der Sozietät während der ersten Jahre, reift er erst zum lebensfähigen Wesen heran; im weiteren Zusammenleben integriert er mehr und mehr die Verhaltensweisen, Normen und Werte seiner Umgebung, wird dadurch zum Kulturträger und gibt sie seinerseits weiter. 'Gesteigertes Sozialleben ermöglicht die höchste Ausprägung der Individualität' (Portmann): Diese vom Biologen aufgestellte These erfährt durch die Psychologie mannigfache Bestätigung."[64] Auch das mögliche hohe Alter des Menschen steht in diesem Zusammenhang, da es den Kontakt mehrerer Generationen gewährleistet und die Pflege und Verbreitung des reichhaltigen kulturellen

---

63 Adler, Alfred. *Die Technik der Individualpsychologie. Zweiter Teil.* Frankfurt am Main 1974, S. 16.

64 Kaiser, Annemarie. *Das Gemeinschaftsgefühl – Entstehung und Bedeutung für die menschliche Entwicklung. Eine Darstellung wichtiger Befunde aus der modernen Psychologie.* Zürich 1981, S. 25.

Erbes ermöglicht. "Was ein Mensch auch tut, er musste es von anderen Menschen lernen. (. . .) Der Mensch wächst, entwickelt sich und lebt als ein sich verhaltender Organismus in der Dimension von Kultur und Bildung, in dem vom Menschen gemachten Teil der Umwelt."[65]

In ihrer gesamten biologischen Ausrüstung sind die Menschen in jeder Phase ihrer Existenz auf die schöpferische Verbindung mit ihresgleichen zur Schaffung eines kulturellen Lebens angewiesen. "Aufgrund dieser anthropologischen Befunde muss die soziale Struktur des gesamten humanen Lebens als eine natürliche Gegebenheit betrachtet werden. Der soziale Zusammenschluss ist nicht etwa erst durch einen rationalen Entschluss, eine Art Verabredung, erfolgt, wie dies in der Sozialphilosophie seit Rousseau häufig angenommen wurde."[66]

Die jedem Lebewesen zukommende evolutionäre Tendenz, das eigene Leben zu bewahren und zu fördern, kommt im gesellschaftlichen Leben der Menschen in einem fortwährenden Suchen zum Ausdruck, die Lebensumstände aktiv zu gestalten und ihre Hindernisse zu überwinden. Ohne eine Bindung an leitende Instinkte stellen sich im menschlichen Leben die Widrigkeiten und Eigenarten der Natur als Probleme und Aufgaben dar, um deren Lösung jede menschliche Gemeinschaft jeder Zeit bemüht war und weiterhin ist.

Adler sah den Menschen in seiner Stellung zur Natur durch drei Hauptbindungen bestimmt: Der Mensch braucht Nahrung und

---

65 Montagu, M. F. Ashley. *Mensch und Aggression.* Weinheim/Basel 1974, S. 15.

66 Kaiser, Annemarie. *Das Gemeinschaftsgefühl – Entstehung und Bedeutung für die menschliche Entwicklung. Eine Darstellung wichtiger Befunde aus der modernen Psychologie.* Zürich 1981, S. 25.

Schutz vor widrigen Lebensumständen. Die Sicherung des Lebensunterhaltes, die Arbeit, ist damit eine allgemeine wie individuelle Aufgabe. Die Tatsache der menschlichen Verbundenheit und wechselseitigen Angewiesenheit stellt, eng verknüpft mit der ersten, die Aufgabe der Einrichtung eines Gemeinschaftslebens, in dem sowohl dem einzelnen wie der Gesamtheit gedient ist. Die Tatsache, dass die Menschheit in zwei Geschlechtern lebt, von deren Beziehung der Fortbestand der Art in Gegenwart und Zukunft bestimmt ist, verweist schliesslich auf die Aufgabe der Liebe und Partnerschaft des einen Geschlechts zum jeweils anderen. Adler erkannte aus seiner psychologischen Praxis, dass die erfolgreiche Bewältigung der Lebensfragen, die sich aus diesen Bereichen ergeben, eng mit der Zusammenarbeit verknüpft ist und immer ein Mass an Gemeinschaftsgefühl erfordert.

Geleitet von dieser Einsicht ergab auch der Nachvollzug der menschlichen Kulturgeschichte, dass die vielfältigen, kulturell ausgeformten Lebensweisen der unabhängig voneinander lebenden Gemeinschaften in ihrem Erfolg und lebenserhaltenden Wert immer vom Grad der erreichten Kooperation und des gegenseitigen Wohlwollens bestimmt sind. Adlers Forschungsarbeit erbrachte so einen wissenschaftlich fundierten Massstab zur Bewertung individueller und kultureller Stellungnahmen im Verhältnis zu den gegebenen Lebensbedingungen, orientiert an der sozialen Natur des Menschen: Die der "Logik des menschlichen Zusammenlebens" am nächsten liegende Lebensgestaltung erweist sich am erfolgreichsten.

Die Ethik

Das Gemeinschaftsgefühl, im Sinne Adlers als gelebte Verbundenheit zum Mitmenschen, beinhaltet in diesem Sinne einen ethischen Anteil, der nicht aus einer moralischen Forderung heraus, sondern aus den anthropologischen Gegebenheiten seine Gültigkeit erfährt. "Von all den Lösungsversuchen, die von einzelnen oder von Gruppen von Menschen hervorgebracht wurden, hatten nur diejenigen Bestand, die vermeintliche oder wirkliche, vorübergehende oder dauerhafte Beiträge zum Wohle der Allgemeinheit waren. Das Wohl der Gemeinschaft ist das Auswahlkriterium, nach dem die kulturellen Schöpfungen in erhaltens- und vergessenswerte ausgeschieden werden. Auf diesen Zusammenhang weist Adler hin, wenn er vom Wohl der Allgemeinheit als einer 'absoluten Wahrheit' spricht, auf welche die menschliche Evolution hinzielt. Die Situation des Menschen war somit von jeher eine Gemeinschaftssituation. Seine Entwicklung, sein Überleben, seine Lösungsversuche zur Linderung und Überwindung der Schwächesituation vollziehen sich alle im Rahmen der Gemeinschaft mit anderen Menschen. Im Sinne dieser ursprünglichen, situativen Gegebenheit versteht Adler das Gemeinschaftsgefühl als Bestandteil und Geschenk der Evolution."[67] Im Gemeinschaftsgefühl liegt so das Funda-

---

67 Kaiser, Annemarie. *Das Gemeinschaftsgefühl – Entstehung und Bedeutung für die menschliche Entwicklung. Eine Darstellung wichtiger Befunde aus der modernen Psychologie*. Zürich 1981, S. 27. Dazu auch Ernst Mayr: "As history repeatedly illustrates, those behaviors will be preserved and those norms will have the longest survival that contributes the most to the well-being of a cultural group as a whole." Mayr, Ernst. The origins of human ethics. In: ders. *Toward a new philosophy of biology.* Cambridge/London 1988, S. 80.

ment, auf dem alle Fähigkeiten und Erlebnismöglichkeiten beruhen, die eine glückliche, erfolgreiche Lebensführung ermöglichen.

Die Fähigkeit des Menschen, Beziehung zum anderen aufzunehmen und zu pflegen, stellt nach Adler das Mass psychischer Gesundheit dar. Alle psychischen Fähigkeiten entwickeln und verfeinern sich in dem Mass, wie ein Mensch aktives Interesse an seinen Mitmenschen hat. Seine Wahrnehmung schult sich dort wo er die Sicht des anderen zu verstehen und das gemeinsame Handeln mit ihm abzustimmen trachtet. Die intellektuellen Fähigkeiten erweitern sich, indem er ein Problem in allgemeingültiger Weise zu lösen versucht und auch bei grösseren Schwierigkeiten beharrlich bleibt. Anschaulich ist die förderliche Wirkung des Gemeinschaftsgefühls in der Ausbildung der sprachlichen Verständigung. "Der Umstand, dass Menschen überhaupt Sprache entwickelt haben, ist ein unbestreitbarer Beweis für die Notwendigkeit des Zusammenlebens. Sprechen stellt deutliche Bindungen zwischen Menschen her und ist gleichzeitig eine Hervorbringung ihres Zusammenlebens."[68]

Je höher der Grad an Beziehungsfähigkeit beim einzelnen Menschen ist, um so mehr wird er dadurch auch zum Wohl der Allgemeinheit beitragen können. Ein solcher Beitrag ist für die Allgemeinheit wie für den einzelnen von unschätzbarem Wert. Wenn er der gefühlsmässigen Verbundenheit zum Mitmenschen entspringt und folglich gerne erbracht wird, trägt er zur Sinnerfüllung des menschlichen Lebens bei. In allen Kulturen ist dieser Zusammenhang zu beobachten. Der Mensch sucht über seinen Beitrag zur Gemeinschaft Anerkennung und Geltung; sie werden in der Regel auch bereitwillig entgegengebracht, wenn das Gemeinwohl dabei Berücksichtigung findet. In seiner

---

[68] Adler, Alfred. *Kindererziehung*. Frankfurt am Main 1976, S. 70.

psychologischen Praxis fand Adler bei jedem Menschen immer aufs neue bestätigt, dass die Fragen des Lebens wirklich befriedigend nur gelöst werden können, wenn die menschliche Anteilnahme in die Antworten mit einbezogen ist. Nur in der Beziehung zu den Mitmenschen erwirbt der Mensch das Gefühl der persönlichen Bedeutung und des eigenen Wertes. "Das Gefühl des eigenen Wertes stammt einzig aus der gelungenen Beitragsleistung für andere und ist die einzige Richtung, in der das durchgängige Minderwertigkeitsgefühl des Menschen eine gelungene Kompensation erfährt. Wertvoll sein heisst, beigetragen zu haben. So erklärt sich auch, dass menschliches Glück nur innerhalb des betätigten Gemeinschaftsgefühls zu finden ist."[69]

Adler und nach ihm die Vertreter der Neopsychoanalyse – u.a. Horney und Sullivan – erkannten, dass auch an die Kultur das Mass der zwischenmenschlichen Beziehungsfähigkeit als ein allgemeingültiges Bewertungskriterium angelegt werden kann. Die kulturanthropologischen Studien von Malinowski, Benedict und anderen über die Lebensgewohnheiten verschiedener Völker zeigen, dass die Lebensführung des einzelnen in Ausrichtung zum jeweiligen Gemeinschaftsleben steht. "Vom Augenblick seiner Geburt an formen die Sitten, in die der Mensch hineingeboren ist, sein äusseres Auftreten und seine geistige Haltung."[70] Die Befunde zeigen, dass in jeder Kultur andere Verhaltensweisen als positiv oder negativ bewertet werden können; was jedoch nicht zum antihumanistischen Relativismus eines Michel Foucault berechtigt, der, die Erkenntnisse zur

---

69 Adler, Alfred. Der Sinn des Lebens. In: ders. *Psychotherapie und Erziehung. Ausgewählte Aufsätze*. Band II: 1930–1932. Frankfurt am Main 1982, S. 84.

70 Benedict, Ruth. *Urformen der Kultur*. Hamburg 1955, S. 8.

Natur des Menschen ignorierend, einen gewalttätigen Destruktivismus propagiert. Vielmehr besteht in keiner Kultur ein prinzipieller Gegensatz zwischen dem einzelnen und der Allgemeinheit. "Die Gesellschaft ist nichts, was im Widerspruch zum Menschen stände, sondern etwas vom Menschen Geschaffenes, das seinerseits wiederum den Menschen erst erschafft."[71]

Der deutliche Einfluss kultureller Werte als Orientierung für die individuelle Lebensgestaltung wurde von Alfred Adler früh in die tiefenpsychologische Forschung einbezogen. Auch die Vertreter der Neopsychoanalyse fanden sich durch die kulturanthropologischen Studien angeregt und betrachteten die Kultur als ein die Persönlichkeit leitendes Wertesystem. Nach Horney hat die Kultur ihren entscheidenden Anteil an der Basis der Persönlichkeitsbildung: Die Kultur "prägt das familiäre und das weitere Milieu des Kindes. Der erzieherische Umgang mit dem Kind ist mit den kulturellen Normen und Werten untrennbar verknüpft. Soweit sie aus Atavismen stammen und der menschlichen Natur nicht entsprechen, tragen sie die Störfaktoren – über die Eltern und die weiteren Bezugspersonen – in die psychische Entwicklung des Kindes hinein."[72] Je nach ihrer Übereinstimmung mit der Natur des Menschen fördern oder hemmen die kulturellen Wertvorstellungen über die Erziehung die

---

71 Thompson, Clara. *Die Psychoanalyse. Ihre Entstehung und Entwicklung*. Zürich 1982, S. 156.

72 Kaiser, Annemarie. *Das Gemeinschaftsgefühl – Entstehung und Bedeutung für die menschliche Entwicklung. Eine Darstellung wichtiger Befunde aus der modernen Psychologie*. Zürich 1981, S. 120.

Entwicklung der Beziehungsfähigkeit; der neurotische Mensch ist in diesem Sinne ein "Stiefkind der Kultur".[73]

Die besonders von Adler scharf herausgearbeitete Bedeutung des Gemeinschaftsgefühls für die Persönlichkeitsentwicklung des einzelnen und damit auch für die Blüte des kulturellen Lebens spiegelt die Verflochtenheit des Individuums mit der Gemeinschaft wider. Gemeinschaftsgefühl ist der fördernde Faktor im menschlichen Leben und steht im Gegensatz sowohl zum haltlosen Egozentrismus wie zur Konformität. Die Erziehung des Menschen erhält im Licht dieser anthropologischen Gewichtung des Gemeinschaftsgefühls einen zentralen Stellenwert. Im erzieherischen Umgang findet die Einführung des Kindes in das Gemeinschaftsleben statt, an dem es später aktiv, eigenständig und verantwortlich mitgestalten soll. Dieses "Sollen" entspringt nicht einem dogmatischen Imperativ, sondern spiegelt die Eigenart der menschlichen Existenz wider. Es ist ein Unglück, wenn die ältere Generation den Nachkommen die Notwendigkeit, einen konstruktiven Beitrag zu leisten, vorenthält. Das Selbstwertgefühl des Menschen kann sich nur auf diesem Wege zu einer festen Grundlage der Persönlichkeit entwickeln, und das Kind sucht in seinen "Appellen" an die Pflegepersonen von Anbeginn ein Echo auf seine Bemühungen. "Auf welche Art von Appell die Pflegeperson reagiert und wie sie reagiert, ergibt für das Kind eine Art Orientierung für sein weiteres Verhalten, und darin liegt – in der umgekehrten Perspektive – die Möglichkeit des Erziehers, dem Kind den Weg zur Kooperation zu ermöglichen."[74] Die Erzieher, zu denen im

---

73 Horney, Karin. Kultur und Neurosen. In: *Der Psychologe*. Schwarzenburg 1951, S. 408.

74 Kaiser, Annemarie. *Das Gemeinschaftsgefühl – Entstehung und Bedeutung für die menschliche Entwicklung. Eine Darstellung*

weiteren Verständnis alle das Kind umgebenden Bezugspersonen gehören, tragen ihre persönlichen Leitvorstellungen und Wertsetzungen in der Art ihres Echos an das Kind heran. Tatsächlich ist sogar der Versuch des Erziehers, eine Stellungnahme zu vermeiden, ein Echo, weil das Kind ein Echo sucht: Dies kann für das Kind nur bedeuten, dass es im Stich gelassen ist.[75]

Alfred Adler stellte fest, dass ein Grossteil der Schwierigkeiten unseres Gemeinschaftslebens aus einem "Mangel an sozialer Durchbildung" herrührt. In dem Aufbau einer weitverzweigten individualpsychologischen Beratungsarbeit, in vielen Publikationen und Vorträgen setzte er sich unermüdlich für die Weitergabe psychologischen Wissens ein. Durch das Vorleben der psychologischen Hilfeleistung am ratsuchenden Menschen vor einem grösseren Kreis Interessierter versuchte er die Individualpsychologie unmittelbar für die Erziehungsarbeit der anwesenden Eltern und Lehrer nutzbar zu machen. Er schulte seine

---

wichtiger Befunde aus der modernen Psychologie. Zürich 1981, S. 29.

75 Ernst Mayr stellt auf der Grundlage der anthropologischen Erkenntnisse zu unserem gegenwärtigen Zeitgeist in seiner Missachtung der Erziehung fest: ". . . ethical education is of the utmost importance. We have just passed through a period in which exaggerated importance was placed on the socalled freedom of the child allowing him to develop his own goodness. We have made fun of the moralizing in children's books and have tended to remove all traces of moral education from the school (. . .) In view of our better understanding of the origin of the morality of the indivdiual, would it not be time again to place greater stress on moral education?" (Mayr, Ernst. The Origins of human ethics. In: ders. *Toward a new philosophy of biology*. Cambridge/London 1988, S. 85.)

Zuhörer darin, die Mängel der gegenwärtigen Kultur zu erkennen und sie zum Anlass einer konstruktiven Verbesserung zu nehmen. Er warnte vor einem Missbrauch der Idee der Gemeinschaft in politischen Bewegungen und lehrte, den Menschen "auf die Finger und nicht auf den Mund" zu schauen. Er begrüsste unabhängig von der weltanschaulichen Überzeugung die Zusammenarbeit mit all jenen, die tatkräftig an der Verbesserung der gegenwärtigen Situation mithelfen wollten.

Die tiefenpsychologische Forschung erbrachte aus ihrem Anliegen um die psychologische Hilfeleistung den Massstab für psychische Gesundheit. Dabei diente die im Gemeinschaftsgefühl liegende Wertung weder für Adler noch für die Neopsychoanalytiker, noch für Friedrich Liebling und, in der Arbeit des VPM, Dr. Buchholz-Kaiser einer moralischen Verurteilung des einzelnen. Als orientierende Wertung für das menschliche Leben ermöglicht es vielmehr, die Lebensumstände besser zu bewältigen und trägt zur Verfeinerung realer Erlebnismöglichkeiten bei. "Obwohl Adlers Auffassung vom Gemeinschaftsgefühl an den einzelnen ausserordentlich hohe Anforderungen stellt, bedeutet es für denjenigen, der darüber in grösserem Masse verfügt, eine Erleichterung; er verfügt über ein Instrument, mit dem er sein Leben besser bewältigen und – durch seine stärkere Teilnahme am Leben der andern – viel reichhaltiger gestalten kann."[76]

Die Tiefenpsychologie war in ihrem Entstehen mit dem berechtigten wissenschaftlichen Anspruch verknüpft, zum Wohle des einzelnen wie zur Allgemeinheit beizutragen. Dieses Ziel

---

[76] Kaiser, Annemarie. *Das Gemeinschaftsgefühl – Entstehung und Bedeutung für die menschliche Entwicklung. Eine Darstellung wichtiger Befunde aus der modernen Psychologie.* Zürich 1981, S. 35.

förderte ihre Entwicklung, war und ist ein untrügliches Korrektiv ihrer Befunde. Die Förderung der menschlichen Beziehungsfähigkeit in Pädagogik und Therapie und eine allgemeine Verbreitung psychologischer Menschenkenntnis stellen die Umsetzung dieser Befunde dar und bieten für die menschliche Gemeinschaft, als Ganzes betrachtet, das Fundament einer Ethik menschlichen Handelns.

"Unser Arbeitskreis steht in seiner philosophischen Grundlage selbstverständlich auch in der Tradition der personalen Auffassung vom Menschen, das heisst in der Reihe der Ich-Psychologien: Der Mensch ist ein Wesen der Natur, jedoch fähig, Kultur zu schaffen, fähig zu einer Ethik und zu moralischen Werten. Beides mehr zu reflektieren wäre dringend vonnöten. Kampagnen, die unsere heranwachsende Jugend den Drogen und der zunehmenden Aggressivität zuführen und überlassen wollen, zeigen nur, wie sehr diesbezüglich heute alles im argen liegt. Der Mensch ist aber in der Lage, Werte zu setzen, eine Ethik zu entwickeln, zu unterscheiden zwischen bekömmlichen und schädlichen, gesunden und kranken, positiven und negativen Werten und Tendenzen im Leben. Aus den ethisch bedeutenden Grundwerten könnte sich als allgemeiner Konsens allmählich eine Moral entwickeln, ein Gewissen für den einzelnen."[77] Die allgemeine Vertiefung mitmenschlicher Verbundenheit und Verständigung, die in kulturellen Werten wie Kooperation, Achtung der Würde des anderen, Toleranz, Hilfsbereitschaft, Ehrlichkeit und anderen liegt, lässt die berechtigte Hoffnung aufkommen, über die Nöte und Schwierigkeiten des gegenwär-

---

77 Buchholz-Kaiser, Annemarie. Standortbestimmung. Zum Jahresbeginn 1989. In: Verein zur Förderung der Psychologischen Menschenkenntnis (Hrg.). *Jahresbericht 1988.* Zürich 1989, S. 21.

tigen Lebens hinauszukommen. Ein Abbau dieser Werte schadet dem Zusammenleben und sollte verhindert werden.

In dieser Tradition arbeitete Friedrich Liebling an der Förderung und Verbreitung psychologischer Menschenkenntnis. Sein jahrzehntelanges Wirken und die weitere Entwicklung in der Arbeit des VPM unter fachlicher Anleitung von Dr. Buchholz-Kaiser sind einzigartige Beiträge zur tiefenpsychologischen Forschung. Viele Menschen können psychologische Hilfe in Anspruch nehmen. Die Schulung von Eltern, Lehrern, Psychologen und Ärzten gibt ihnen ein Instrument an die Hand, mit der sie Unschätzbares zur Förderung selbständiger, verantwortungsbewusster Persönlichkeiten und damit zur Volksgesundheit leisten. Verstehen und Fördern der individuellen Entwicklung des Gemeinschaftsgefühls stellt aus anthropologischer Perspektive die wichtigste Aufgabe von Psychologie und Pädagogik dar.

Die Individualgeschichte

Im Gegensatz zur triebtheoretischen Auffassung Sigmund Freuds, die die Sozialbezogenheit des menschlichen Neugeborenen nur als sekundäres, über die Befriedigung elementarer körperlicher Bedürfnisse entstandenes Phänomen betrachtete und das Einwirken der Kultur auf die kindliche Psyche als zwar notwendiges, aber grundsätzlich störendes Element verstand, erkannte Alfred Adler entsprechend seiner naturgeschichtlichen Auffassung vom Menschen das menschliche Neugeborene als vom ersten Lebensvollzug an in den sozialen Austausch zum Mitmenschen gestellt. Adler sah in der "Kultivierung" dieser angeborenen Möglichkeit im Wechselspiel mit den Mitmenschen die Voraussetzung für seine Entwicklung.[78]

Die Entwicklung des Gemeinschaftsgefühls

Die Erkenntnisse der empirischen Entwicklungspsychologie vorwegnehmend, verstand Adler das menschliche Neugeborene als mit einer evolutionsgeschichtlich gegebenen Prädisposition zur Beziehungsaufnahme ausgerüstet. "Vom Augenblick der Geburt an sucht das Baby Verbindung mit der Mutter. Dies ist der Zweck seiner Bewegungen."[79] Diese angeborenen Möglichkeiten sind nicht als gegebene Persönlichkeitsmerkmale zu

---

78 Adler, Alfred. Die Vorbeugung der Delinquenz. In: ders. *Psychotherapie und Erziehung. Ausgewählte Aufsätze.* Band III: 1933–1937. Frankfurt am Main 1983, S. 98.

79 Adler, Alfred. *Wozu leben wir?* Frankfurt am Main 1979, S. 101.

verstehen, sondern als Möglichkeiten der sozialen Kontaktaufnahme, deren Entwicklung von Anbeginn an einer Formung in der Beziehung zur Mutter beziehungsweise der ersten Beziehungsperson unterliegt. Sie sind "vom ersten Tage der Geburt an vermengt mit der gegenseitigen Beziehung von Mutter und Kind".[80] Die kindliche Entwicklung verlangt dabei eine Situation, in der die emotionale Fürsorge gewährleistet ist und sich Personen einfinden, die gegenüber dem Kind Kooperationsbereitschaft zeigen. "Sein Leben und seine Gesundheit sind nur dann gewährleistet, wenn Menschen vorhanden sind, die sich für das Kind einsetzen."[81] Angewiesen und ausgerichtet auf die Menschen seiner Umgebung entwickelt das Kind tastend und probierend erste Aktivitäten, die es ein gewisses Mass an gefühlsmässiger Sicherheit empfinden lassen. Angeborene Verhaltensdispositionen setzt das Kind dabei aktiv ein "durch Austasten der Situation, durch probeweisen Anschlag, bis das Kind (. . .) einen ungefähr zufriedenstellenden Weg gefunden hat."[82] Dieser Weg wird vom Kind in einer Weise ausgestaltet und eingeübt, "die ihm erfolgreich und geeignet scheint, an dem ihn umgebenden sozialen Leben teilzunehmen."[83] In diesen ersten Vorgängen zur Anpassung an seine individuell gegebene soziale Umgebung liegen gefühlsmässige Bewertungen,

---

80 Adler, Alfred. *Religion und Individualpsychologie.* Frankfurt am Main 1975, S. 81.

81 Adler, Alfred. Liebesbeziehungen und deren Störungen. In: ders. *Psychotherapie und Erziehung. Ausgewählte Aufsätze.* Band I: 1919–1929. Frankfurt am Main 1982, S. 103.

82 Adler, Alfred. *Religion und Individualpsychologie.* Frankfurt am Main 1975, S. 81.

die die Kooperationsfähigkeit der Beziehungspersonen, das darauf gründende Gefühl der Sicherheit und eine erste Anbahnung eigener Kooperationsbereitschaft widerspiegeln. Sicherheit und Angst sind vom Kind schon früh gebildete "Gefühlswerte", abhängig vom Grad der Aufgehobenheit in den ersten sozialen Beziehungen.[84]

Der Mutter beziehungsweise der ersten Beziehungsperson fällt für die Entwicklung des Kindes grösste Bedeutung zu. Die Fähigkeit, die kindlichen Aktivitäten aufzugreifen, dem Kind in der Beziehungsgestaltung das Gefühl emotionaler Sicherheit zu geben und seine Entwicklung in sachgemässe Richtung zu lenken, verlangt von der Mutter ein ausgeprägtes Mass an "Geschicklichkeit". "Mit 'Geschicklichkeit' einer Mutter meinen wir nichts anderes als ihre Fähigkeit, mit dem Kind zusammenzuarbeiten und das Kind zur Mitarbeit zu gewinnen."[85] Diese ist abhängig von der gesamten gefühlsmässigen Einstellung und Bereitschaft der Mutter, dem von ihr selbst erworbenen Grad an Gemeinschaftsgefühl. "Die Ausgeglichenheit oder die Nervosität der Erzieherpersönlichkeit, ihre emotionale Reife und ihr Wertsystem, mit dem sie das kindliche Verhalten beurteilt und bejahend oder verneinend beeinflusst, gestalten die prägenden Eindrücke des Säuglings, und zwar in einem Stadium, da er in grösster Ohnmacht und Hilflosigkeit ganz auf seine Umgebung angewiesen ist. Diese Situation der Ohnmacht, in der das Kind

---

83 Adler, Alfred. Die Sexualfunktion. In: ders. *Psychotherapie und Erziehung. Ausgewählte Aufsätze*. Band III: 1933–1937. Frankfurt am Main 1983, S. 175.

84 Adler, Alfred. Verdrängung und männlicher Protest: ihre Rolle und Bedeutung für die neurotische Dynamik. In: ders. *Heilen und Bilden*. Frankfurt am Main 1973, S. 105.

für Gefühle der Schwäche, der Minderwertigkeit und der Angst ausserordentlich anfällig ist, kann nur gemildert werden, indem auf seine physischen Bedürfnisse und auf sein Bedürfnis nach Beachtung und emotionaler Wärme angemessen eingegangen wird. Die soziale Atmosphäre, in der sich der Alltag des Säuglings abspielt und in der er mit den Erfordernissen des Lebens allmählich vertraut gemacht wird, beeinflusst seine Neigung zum Mittun, seine Bereitschaft zur Kooperation."[86]

In diesem Sinne spricht Adler von zwei Funktionen der Mutter, die ihr als Aufgabe zukommen. Zunächst hängt es von ihr ab, zum Kind eine tragfähige Beziehung aufzubauen, seine Aktivitäten aufzugreifen und adäquat zu erwidern. Als erstes "Du" kann sie dem Kind die Erfahrung einer vertrauenswürdigen Person ermöglichen. Versteht sie sich mit Gleichmass und innerer Sicherheit in ihren eigenen zwischenmenschlichen Beziehungen zu bewegen, kann sie für das Kind "an der Pforte der Entwicklung des Gemeinschaftsgefühls"[87] stehen. "Was der Mutter entwicklungsgeschichtlich und sozial als Aufgabe obliegt, ist, das Kind so früh als möglich zum Mitarbeiter, zum Mitmenschen zu machen, der gerne hilft und sich gerne, soweit seine Kräfte nicht ausreichen, helfen lässt."[88] Die zweite Funk-

---

85 Adler, Alfred. *Wozu leben wir?* Frankfurt am Main 1979, S. 101.

86 Kaiser, Annemarie. *Das Gemeinschaftsgefühl – Entstehung und Bedeutung für die menschliche Entwicklung. Eine Darstellung wichtiger Befunde aus der modernen Psychologie.* Zürich 1981, S. 49.

87 Adler, Alfred. *Der Sinn des Lebens.* Frankfurt am Main 1973, S. 39.

88 Adler, Alfred. *Der Sinn des Lebens.* Frankfurt am Main 1973, S. 136.

tion der Mutter liegt darin, den zum Kind hergestellten Kontakt auf alle Bereiche des sozialen Lebens auszuweiten. Dabei kann sie die Eigenaktivitäten des Kindes unterstützend anleiten, das Zutrauen des Kindes in die eigenen Kräfte stärken und ihm einen erfolgreichen Weg in die menschliche Gemeinschaft bahnen. Auf diese Weise schafft sie ein "Anfangsverständnis für die umgebende Situation daheim und in der Welt".[89]

Der absoluten Hilflosigkeit und sozialen Angewiesenheit entsprechend, ist das kindliche Gefühl der Sicherheit grossen Anfälligkeiten ausgesetzt. Gleichzeitig sieht sich das Kind im sozialen Vergleich Menschen gegenüber, die über von ihm noch nicht erlernte Fertigkeiten verfügen. Adler meint, dass diese Gegebenheiten vom Kind subjektiv als Minderwertigkeitsgefühl empfunden werden. "In dieser diffizilen Situation ertastet das Kind sein Tätigkeits- und Beziehungsfeld, und aus dem anfänglichen Tasten formt sich allmählich die psychische Gangart. Es ist eine Art Meinung des Kindes, welchen Weg es einschlagen soll, um seine Fähigkeiten so weit auszugestalten, dass es in den von der Gemeinschaft gestellten Anforderungen keine Niederlagen erleidet, sich nicht wertlos fühlen muss."[90] Indem es die gemachten Erfahrungen in den Beziehungen zur sozialen Umwelt wertend verarbeitet, schafft sich das Kind in eigener "schöpferischer Leistung" einen Plan, von dem es sich eine Bewältigung seiner Probleme erhofft. Das vom Kind "gewählte" Bewegungsgesetz nennt Adler auch Lebensstil, der gefühlsmässige Bewertungen über die eigene Person, die

---

89 Adler, Alfred. *Neurosen. Zur Diagnostik und Behandlung.* Frankfurt am Main 1981, S. 50.

90 Kaiser, Annemarie. *Das Gemeinschaftsgefühl – Entstehung und Bedeutung für die menschliche Entwicklung. Eine Darstellung*

Mitmenschen und seiner Beziehung zu diesen enthält. "Als Massstab seiner Kraft dient ihm die gefühlsmässig und ungefähr erfasste Leistungsfähigkeit in einer durchaus nicht neutralen Umgebung, die nur schlecht eine Vorschule des Lebens abgibt. Aufbauend auf einem subjektiven Eindruck, oft durch wenig massgebende Erfolge oder Niederlagen geleitet, schafft sich das Kind Weg und Ziel und Anschaulichkeit zu einer in der Zukunft liegenden Höhe."[91]

In diesem Prozess der kindlichen Lebensstilbildung liegen vielfältige Möglichkeiten verborgen, auf irrtümlich gewonnenen Eindrücken aufbauend ein Muster der Lebensbewältigung zu entwickeln, das den Anforderungen des Lebens nur unzureichend gerecht und von der Umgebung häufig weiter genährt wird. Im Stadium eines gefestigten Lebensstils ist es nur schwer korrigierbar. Fehlentwicklungen solcherart werden häufig durch Erschwernisse in der erziehenden und einflussnehmenden Umgebung nahegelegt. "(. . .) die Schwere der Aufgaben, die an das Kind herangetragen werden, oder die ungeschickte Art, in der die Erzieher ihre Anforderungen zu stellen pflegen, schaffen Schwierigkeiten, die das Kind mit seinen unzulänglichen Mitteln unter Umständen nicht bewältigen kann. Hinzu kommen die tausendfältigen Komplikationen, die durch die Geschwisterkonstellation entstehen, durch die Position als ältestes, mittleres oder jüngstes Kind, als Bub oder Mädchen, ferner die soziale Stellung der Familie und deren ökonomische Situation. All dies spielt sich in einem bestimmten Familienklima ab, sei es ein Klima der Besorgtheit, der Ängstlichkeit, des Pessimismus oder der Härte und Lieblosigkeit oder aber der

---

wichtiger Befunde aus der modernen Psychologie. Zürich 1981, S. 50.

91 Adler, Alfred. *Der Sinn des Lebens.* Frankfurt am Main 1973, S. 36.

Sicherheit, der Wärme und der Freude am Leben."[92] Adler unterschied verschiedene, verbreitete Tendenzen in der Erziehung, Erziehungsstile, deren Ursache er weniger in einer Überzeugung der Eltern zu Erziehungsfragen, sondern vielmehr in deren Gefühlsleben angesiedelt sah. Sie gelten dem Kind als eine zwar falsche, aber verbindliche Orientierung.[93]

Von Erziehungsstilen, die die Entwicklung des Gemeinschaftsgefühls drosseln, hob Adler die strenge, autoritäre und die verwöhnende Erziehung hervor. In der strengen Erziehung versäumen es die Erzieher, das Kind als gleichberechtigten Mitspieler gelten zu lassen. Im Klima der Lieblosigkeit macht das Kind nicht die Erfahrung eines positiven Gefühlsaustausches. Das Kind wird seinen Erziehern entfremdet, in eine kämpferische Stellung den Mitmenschen gegenüber gedrängt und fühlt sich "wie in Feindesland"[94], auch in passiveren Formen der Bravheit und des Gehorsams. "Selbst wenn es gelingt, unbedingten Gehorsam zu erzwingen, werden die Eltern dessen nicht froh. Dem Kinde geht seine ungebundene Lebenskraft verloren, oft stellen sich die sonderbarsten Unfähigkeiten ein, es entwickelt sich keine Selbständigkeit und kein selbständiges Handeln. (. . .) Das Kind sucht auch in seinem späteren Leben immer die Richtung seines Handelns von anderen zu

---

92 Kaiser, Annemarie. *Das Gemeinschaftsgefühl – Entstehung und Bedeutung für die menschliche Entwicklung. Eine Darstellung wichtiger Befunde aus der modernen Psychologie.* Zürich 1981, S. 51.

93 Adler, Alfred. *Kindererziehung.* Frankfurt am Main 1976, S. 20.

94 Adler, Alfred. *Individualpsychologie in der Schule.* Frankfurt am Main 1973, S. 26.

erfragen."[95] Wählt das Kind nicht den Weg der Unterwerfung oder Bravheit, kann es einen offenen oder versteckten Machtkampf zu den Eltern aufnehmen. Das Gefühl für den Mitmenschen bleibt gering.

Auch die verwöhnende Erziehung ist eine schwächende Vorbereitung auf das Zusammenleben mit anderen Menschen. Die Eltern versäumen es, die Möglichkeit des sozialen Interesses auf die Mitmenschen und die weitere Gemeinschaft auszudehnen. Im Treibhausklima der Verwöhnung ist das Kind gewöhnt, den Dienst anderer Menschen für sich in Anspruch zu nehmen. Da die eigenen Fähigkeiten ungeübt bleiben, weiss es aber nicht, was es selbst erreichen kann. Vor Schwierigkeiten gestellt, stellt es Forderungen an andere. Es kennt nicht die Genugtuung aus eigenem Können und, im Eigensinn trainiert, ahnt nichts vom Sinn einer für die Gemeinschaft nützlichen Lebensweise.[96]

Es sei in diesem Zusammenhang darauf hingewiesen, dass schon Alfred Adler zu seiner Zeit Entwicklungen in der Kindererziehung beobachtete, die ein Abstandnehmen von jeglichen erzieherischen Einflüssen forderten, das der Notwendigkeit einer Anleitung des Kindes widerspricht.[97] Die Tat der Antipädagogen, die dieser die Verantwortung scheuenden Haltung heute das Wort reden, ist von daher nicht mehr als feige. Adler sah in ihr eine Kapitulation gegenüber der als unlösbar empfundenen Aufgabe der Erziehung. "In der Verschlungenheit unserer Gegenwart setzt sich das Laissez-faire mit solcher

---

95 Adler, Alfred. Ehe und Kind. In: Spier, I. (Hrg.) *Die Schule der Ehe. Ein Lesebuch zur Pflege des ehelichen Glücks.* Zürich 1920, S. 394.

96 Adler, Alfred. *Wozu leben wir?* Frankfurt am Main 1979, S. 23.

97 Adler, Alfred. *Kindererziehung*. Frankfurt am Main 1976, S. 6.

Inbrunst durch, als müssten wir im Gefühl der Schwäche und Minderwertigkeit auf eine bewusste Führung des Lebens endgültig verzichten. Unser Gegenwartsbewusstsein glaubt sich nicht fähig, hält uns zu schwach, das Bezugssystem Mensch-Natur zu verstehen und zu meistern. Es macht aus der Not eine Tugend, überlässt Gott, dem Zufall oder dem Kampf aller gegen alle die Führung der Menschheitsgeschichte."[98]

Deshalb sah Alfred Adler eine der Hauptaufgaben darin, Eltern, Erziehern und Lehrern zu helfen, ihre verantwortungsvolle Arbeit besser tragen zu können. In einer grossen Zahl von Adler und seinen Mitarbeitern eingerichteten Erziehungsberatungsstellen konnten alle am Erziehungsprozess Beteiligten sich Wissen über die kindliche Natur, über sinnvolle Anleitung von Kindern und über den Hintergrund ihrer eigenen Gefühlseinstellungen aneignen. Der Beitrag dieser Arbeit für eine Prophylaxe psychischer Störungen, wie sie heute im VPM fortgeführt wird, ist nicht hoch genug zu werten.

Störungen in der Entwicklung des Gemeinschaftsgefühls

Das Kind steht zu Beginn seines Lebens vor der Aufgabe, sich in das soziale Leben hineinzuentwickeln. Es erprobt in der Begegnung zu den Mitmenschen den Wert seiner Stellungnahmen und erwirbt sich eine leitende Meinung über sich und die Beschaffenheit seiner sozialen Umgebung. Gelingt es in der Erziehung und Anleitung durch die Pflegepersonen, das Kind

---

98 Adler, Alfred. Kritische Erwägungen über den Sinn des Lebens. In: ders. *Psychotherapie und Erziehung. Ausgewählte Aufsätze.* Band I: 1919–1929. Frankfurt am Main 1982, S. 80.

auf den Weg in die Zusammenarbeit zu führen, wird es selbständig und erlangt Selbstwertgefühl: Es verfügt über Mittel und Wege, die Beziehungen zu anderen konstruktiv zu gestalten, und weiss um seine Geltung im Zusammenleben. Probleme und Schwierigkeiten lassen es nicht verzagen; es sucht nach einer Lösung gemäss der orientierenden Stellungnahme der Erwachsenen.

Es gibt im Leben des Kindes hingegen Umstände, die einer solchen Ausbildung des Gemeinschaftsgefühls entgegenwirken können. Organische Störungen des Kindes und ein unsachlicher Umgang seitens der Erzieher können das Kind in eine Stimmung der Unsicherheit führen, ohne dass es gleichzeitig Wege ihrer Überwindung aufgezeigt bekommen hätte. Es zeigt sich als Folge davon ein Mangel an Gemeinschaftsgefühl, eine Unsicherheit und eine unzureichende Vorbereitung auf das Zusammenleben. Aus dem Gefühl der Unsicherheit können psychische Irritationen entstehen, fehlerhafte Versuche zur Lösung realer Probleme. Dies tritt besonders dann ein, wenn der erzieherische Umgang das Selbstwertgefühl des Kindes nicht stützt und die fehlerhafte Anschauung des Kindes nicht korrigiert.

Die Irrtümer des Kindes und die daraus folgenden Verhaltensweisen stellen einen aus der Not geborenen Versuch dar, sich von einem dauernden Gefühl der Unzulänglichkeit zu befreien. Der Effekt liegt in einem weiteren Rückzug vor einer realen Lösung der vorliegenden Hindernisse und verstärkt den mangelnden Bezug zur Kooperation und eine zu Spekulationen neigende Lebensauffassung. Diese bereits in der Kindheit entstehende Lebenshaltung kann, ohne anleitende Korrektur, die weitere Entwicklung des Gemeinschaftsgefühls nachhaltig stören und bildet den Boden für das spätere Entstehen neurotischer oder psychotischer Erkrankungen der Persönlichkeit.

Fehlgeleitet in seinen Versuchen, ein Gefühl der Unsicherheit zu überwinden, gelangt das Kind zu einer verschärften Selbsteinschätzung. Sein Gefühl des Ausgeliefertseins und der Unfähigkeit, etwas zur Verbesserung seiner Lage unternehmen zu können, treiben seine Suche nach Lösungen in irreale Auffassungen. Jenseits der versichernden zwischenmenschlichen Verbundenheit, die dem Kind aus vielfältigen Gründen scheinbar oder real nicht erreichbar ist, schafft es sich eine künstliche Leitvorstellung. "In diesem verstärkten Gefühl der Minderwertigkeit sucht es einen Halt zu finden und greift zu Hilfskonstruktionen: es kann die an den Eltern erlebte Stärke als zweiten Fixpunkt nehmen und damit eine Art psychischer Leitlinie konstruieren. Im Gefühl der Schwäche wird die Position der Stärke zum einzig erstrebenswerten Ziel, auf das hin alle Kräfte mobilisiert werden. Damit hat es sich aber vom Boden der Realität bereits entfernt und 'hängt in den Maschen der Fiktion'."[99]

Adler erfasste die psychische Ausgleichsbewegung in der Lebensweise des entmutigten Kindes und stellte ein Drängen von der erlebten eigenen Unzulänglichkeit als einem "Minus" zu einem Leitziel persönlicher Überlegenheit als einem "Plus" fest. Dieses Schema korrespondiert mit einem Bestandteil des kulturellen Wertesystems, in dem der Begriff "männlich" als "mächtig", "aktiv" und "oben", der Begriff "weiblich" als "machtlos", "passiv" und "unten" aufgefasst wird. Die Inhalte dieses Ausgleichszieles ergeben sich für das Kind aus den so erlebten Stärken der Menschen seiner Umgebung. Anders als bei einem mutigen Kind, das sich ebenfalls in seinen Aktivitä-

---

99 Kaiser, Annemarie. *Das Gemeinschaftsgefühl – Entstehung und Bedeutung für die menschliche Entwicklung. Eine Darstellung wichtiger Befunde aus der modernen Psychologie.* Zürich 1981, S. 58.

ten an den erwachsenen Vorbildern orientiert, ist es dem verunsicherten Kind nur scheinbar möglich, den Vorbildern real und in Lösung der tatsächlichen Schwierigkeiten nachzustreben. Oftmals sind schon die gewählten Vorbilder selbst nur nach einem erlebten "Oben" und nicht nach ihren echten Fähigkeiten ausgesucht.

Das künstlich errichtete Ziel der Überlegenheit dient dem unsicheren Kind vor allem zur Vermeidung weiterer Unsicherheit. Ohne sich an eine Lösung der Schwierigkeiten auf dem direkten Weg machen zu können, durch den es seine Fähigkeiten durch Probieren und Lernen aus begangenen Fehlern erweitern könnte, bemüht es sich, durch die Fixierung auf ein überhöhtes Persönlichkeitsideal das Gefühl der vermeintlichen Wertlosigkeit zu beschwichtigen und einer befürchteten Verstärkung dieses Gefühls auszuweichen.

Adler erkannte, dass, mit der Tendenz zur Sicherung verknüpft, das unsichere Kind Verhaltensweisen entwickelt, die die Anteilnahme der Umgebung und die Aufwertung des Persönlichkeitsgefühls nicht auf dem Wege der Zusammenarbeit zu erreichen versuchen. "In der Unruhe und der Hilflosigkeit entwickelt das Kind einerseits Verhaltensweisen störender, trotziger Art; andererseits lernt es auch die Mittel der Schwäche und der Hilflosigkeit schätzen, mit denen es sich die Anteilnahme seiner Umgebung erwirken kann. Trotz einerseits und Gehorsam andererseits bilden zwei Hauptrichtungen der Charakterentwicklung. Auf beiden Wegen vermeint das Kind eine Aufwertung seiner Persönlichkeit zu erlangen. Die Auswahl der Verhaltensweisen erfolgt für das Kind nach dem Erfolgsprinzip."[100] Je nach der Art des Echos der Umgebung bildet es

---

[100] Kaiser, Annemarie. *Das Gemeinschaftsgefühl – Entstehung und Bedeutung für die menschliche Entwicklung. Eine Darstellung*

aktive Reaktionsbereitschaften wie Trotz, störendes Verhalten oder passive Haltungen wie Unterwürfigkeit und Verzicht auf Spontaneität aus, die ihm, wenn schon nicht positive Anteilnahme, so doch die Aufmerksamkeit der Umgebung einbringen.

Diese Stellungnahmen des unsicheren Kindes sind nach Adler unzulängliche Hilfsmittel, sich durch die als Schrecken empfundenen sozialen Anforderungen des Lebens hindurchzumanövrieren. Das Streben nach Oben, das in eher aktiven oder passiven Haltungen oder in einer Vermischung beider in der Dynamik der geschwächten Persönlichkeit zum Ausdruck kommt, ist "keineswegs eine Laune der Eitelkeit und niemals willentlich herbeigeführt. Desgleichen ist das ganze kranke Reaktionsschema nicht bewusst, willentlich geschaffen worden, sondern aus der Not geboren, mag es noch so sinnvoll in seine soziale Umgebung eingefügt sein. (. . .) Die ganze Neurose kann als ein Abwehrschema verstanden werden, ein Sich-Wehren dagegen, dass sich 'das düstere Geheimnis seiner Minderwertigkeit' enthüllt. Nervosität ist ein verzweifelter Versuch, das durch den Erziehungsprozess irritierte und nunmehr endogen gestörte Selbstwertgefühl aufrechtzuerhalten."[101]

Auch die Vertreter der Neopsychoanalyse erkannten diese Dynamik. Die Neurose als eine verschärfte Ausprägung dieses Sicherungsmechanismus steht nach Sullivan im Dienste der Vermeidung von Angst. Sie ist eine verstärkte Aktivität des "Selbstsystems", das "in der Kindheit bestrebt ist, das Gefühl

---

wichtiger Befunde aus der modernen Psychologie. Zürich 1981, S. 59.

101 Kaiser, Annemarie. *Das Gemeinschaftsgefühl – Entstehung und Bedeutung für die menschliche Entwicklung. Eine Darstellung*

des Wohlbehagens, der relativen Euphorie vor einem Absinken zu schützen; und jedes Absinken des Wohlgefühls wird vom Kind als Angst erlebt".[102]

Die Wahrnehmung, Erinnerung und Antizipation zukünftiger Ereignisse sind nach Adler in diese Lebensauffassung sowohl des nicht nervösen wie des nervösen Menschen integriert. Er spricht von einem "tendenziösen Apperzeptionsschema", das jeder Mensch als Aspekt seines Lebensstils zur Verfügung hat. Den nervösen Menschen hält sein Wahrnehmungsschema jedoch abseits der Kooperation, in Distanz von der Wirklichkeit, um das erwartete Erlebnis einer Niederlage zu umgehen. Einzelne massive Kindheitserlebnisse müssen in diesem Sinne nach Adler nicht an sich die Ursache einer Neurose sein, sondern sie haben und erhalten ihre Wirkung nur im Rahmen der schon bestehenden Lebensauffassung des Menschen. Die neurotische Lebensweise findet demnach ihren Vorläufer in der früh erworbenen Lebensauffassung eines in seinem Gemeinschaftsgefühl geschwächten Kindes. Die tiefe Unsicherheit und eine "allzu niedrige Selbsteinschätzung" münden in beiden Lebensformen in eine "zögernde Attitüde, die egozentrisch mildernde Umstände suchte, um das Geheimnis eines vermeintlichen Unwertes zu verschleiern".[103]

Der Ausbruch einer Neurose ist nach Adler immer mit einer als unlösbar empfundenen sozialen Anforderungssituation

---

wichtiger Befunde aus der modernen Psychologie. Zürich 1981, S. 60f.

102 Sullivan, Harry Stack. *Das psychotherapeutische Gespräch.* Frankfurt am Main 1976, S. 94.

103 Adler, Alfred. Schwer erziehbare Kinder und nervöse Erwachsene. In: *Internationale Zeitschrift für Individualpsychologie.* 1925, S. 145.

verknüpft, von der sich die bereits vorher unsichere Persönlichkeit nun noch weiter zurückzieht. Gemäss der individualpsychologischen Erkenntnis, dass alle Probleme des Lebens soziale Probleme sind und zu ihrer Lösung der Zusammenarbeit und der sozialen Anpassung bedürfen,[104] "wird der Zusammenstoss der irrtümlich aufgebauten, des Gemeinschaftsgefühls allzusehr entbehrenden Lebensform stets vor den drängenden Fragen des Lebens erfolgen, die eben diesen Grad von Interesse für die andern erfordern".[105] Wichtige Lebensentscheidungen oder Prüfungssituationen können bei dem im Lebensgefühl verunsicherten Menschen zum exogenen Faktor einer Neurose werden.

Die jeweilige Ausformung einer neurotischen Lebenstechnik ist verschieden. Sie kann entweder stärker im emotionalen oder im gedanklichen Bereich angesiedelt sein. In der "funktionellen Neurose" ist ein körperliches Organ in das psychische Geschehen unmittelbar einbezogen. Auch solche psychosomatischen Erkrankungen stehen in einer dem leidenden Menschen oft verborgenen Beziehung zu seinem Gefühl im zwischenmenschlichen Bereich. Sie sind nur zu verstehen, "wenn das Individuum als Einheit gesehen wird, das vor Prüfungssituationen im Leben sich nicht in der Lage fühlt, die Fragen 'selbständig und mitgehend' zu lösen. Es fehlt ihm dazu die soziale Vorbereitung, die Fähigkeit zum Anschluss an das Du."[106]

---

[104] Adler, Alfred. Die kriminelle Persönlichkeit und ihre Heilung. In: ders. *Psychotherapie und Erziehung. Ausgewählte Aufsätze.* Band II: 1930–1932. Frankfurt am Main 1982, S. 107ff.

[105] Adler, Alfred. Die Individualpsychologie in der Neurosenlehre. In: ders. *Psychotherapie und Erziehung. Ausgewählte Aufsätze.* Band I: 1919–1929. Frankfurt am Main 1982, S. 240f.

[106] Kaiser, Annemarie. *Das Gemeinschaftsgefühl – Entstehung und Bedeutung für die menschliche Entwicklung. Eine Darstellung*

Die Neurose ist mit einer Tendenz zum Rückzug vor einer direkten Bewältigung der Lebensaufgaben verbunden. Sie kann mit dem völligen Zusammenbruch im Selbstwertgefühl zu einer Psychose führen. "In der Auffassung der Individualpsychologie ist die Psychose als ein Voranschreiten der psychischen Schwächung bis zu einem für die betroffene Persönlichkeit lebensbedrohlich erscheinenden Mass zu sehen. (. . .) Der Übergang erfolgt durch den Abbruch der Beziehungen zum Du. Die Angst erreicht einen Grad, der den völligen Rückzug bewirkt und die Ausschaltung des andern Menschen auf die Spitze treibt."[107] In der Psychose bricht die Hoffnung auf Bestätigung und Anerkennung im sozialen Beziehungsfeld vollends zusammen. Die Tendenz zur Sicherung des Persönlichkeitsgefühls wirkt hier völlig im System der Wahnvorstellungen, die in dieser Sicherung ihren kompensatorischen Sinn haben. Bemühungen, einem psychotisch erkrankten Menschen zu helfen, müssen diesen Zusammenhang berücksichtigen: "Da die eigentliche Ursache in der Verletzung und in dem Minderwertigkeitsgefühl zu suchen ist, kann eine Korrektur des Wahns niemals bei der Wahnidee selber – gleichsam von oben her – ansetzen. (. . .) Eine Lockerung bzw. ein Abbau der Wahnidee kann höchstens dann erfolgen, wenn der Patient aus anderen Quellen der zwischenmenschlichen Beziehung bereits wieder Mut zu fassen beginnt und (. . .) sich wieder zur Kooperation geneigt erweist. Nur eine Heilung vom Minderwertigkeitsgefühl her im Sinne einer Stärkung der Persönlichkeit ermög-

---

wichtiger Befunde aus der modernen Psychologie. Zürich 1981, S. 64.

107 Kaiser, Annemarie. *Das Gemeinschaftsgefühl – Entstehung und Bedeutung für die menschliche Entwicklung. Eine Darstellung wichtiger Befunde aus der modernen Psychologie.* Zürich 1981, S. 69.

licht, dass die Wahnidee als Modus dicendi et vivendi aufgelockert und schliesslich als unnötig geworden verschwinden kann."[108]

An den Erkrankungen der Neurose und Psychose tritt die Bedeutung des Gemeinschaftsgefühls, die Fähigkeit, aktiv zwischenmenschliche Bindungen einzugehen und zu pflegen, deutlich hervor. Das Gemeinschaftsgefühl entwickelt sich beim Kind im positiven Wechselspiel mit seinen Bezugspersonen. Störungen dieser Entwicklung beeinträchtigen erheblich die Lebensführung und damit die Möglichkeiten eines erfüllten Daseins.

Eine leidvolle Fehlentwicklung des Individuums findet sich in entsprechender Weise in Bewegungen und Strömungen des gesellschaftlichen Lebens wieder. Das Heranwachsen einer Generation mit schwach entwickeltem Gemeinschaftsgefühl hat fatale Auswirkungen. Es ist das Selbstwertgefühl des einzelnen, durch kulturelle Vorgaben angeregt, das den Ausschlag darüber gibt, wie sich ein Mensch zu kulturellen Zeitströmungen verhält, ob er etwaigen schädigenden, nur auf dem Schein beruhenden Verlockungen nachgibt oder ob er aktiv an der Gestaltung des Allgemeinwohls mitarbeitet.[109] Aus seiner psychologischen Praxis hatte Adler eine geschärfte Sicht auf kulturelle Tendenzen der Gesellschaft, die der Entwicklung des einzelnen

---

108 Kaiser, Annemarie. *Das Gemeinschaftsgefühl – Entstehung und Bedeutung für die menschliche Entwicklung. Eine Darstellung wichtiger Befunde aus der modernen Psychologie.* Zürich 1981, S. 70f.

109 Adler, Alfred. Zur Massenpsychologie. In: ders. *Psychotherapie und Erziehung. Ausgewählte Aufsätze.* Band III: 1933–1937. Frankfurt am Main 1983, S. 64.

wie des Allgemeinwohls entgegenstehen, indem sie den Menschen die Notwendigkeit der Zusammenarbeit verdunkeln.

Das Vorurteil von der Minderwertigkeit der Frau zum Beispiel hat in diesem Sinne, verbunden mit ihrer Unterordnung in der Gesellschaft, unermessliches Leid erzeugt und fand seinen geschichtlichen Tiefpunkt in den 300 Jahren der Hexenverbrennung. Auch heute noch vergiftet dieses Vorurteil die Beziehung der Geschlechter zueinander und führt, wo durch einen Mangel an Kooperation die Gleichwertigkeit noch nicht erreicht ist, zu verschiedenen distanzierenden oder kämpferischen Einstellungen. Adler betont, dass für die Zukunft nur die Erziehung des Kindes zur Mitmenschlichkeit über solche Fehlschläge hinweghelfen kann. Gruppierungen von Menschen, die sich nicht an der Kooperation, sondern an der künstlichen Wertung eines "Oben und Unten" orientieren, bleiben "stets darin verwickelt, sich zusammenzufinden zur Befriedigung verfehlter, persönlicher, aus einem fehlerhaften Lebensstil entsprungener Gelüste".[110] Dabei ist, ähnlich wie in der Neurose, festzustellen, dass die Unsicherheit des eigenen Wertes, der eigenen Bedeutung in solchen Gruppierungen ihren Ausgleich darin findet, dass Idealvorstellungen gewählt werden, in denen man sich von der Allgemeinheit absetzt. Aus der Entwertung der Allgemeinheit und der Gegenwart versuchen sie, sich selbst dem Gefühl der Wertlosigkeit zu entreissen.[111]

---

110 Adler, Alfred. Zur Massenpsychologie. In: ders. *Psychotherapie und Erziehung. Ausgewählte Aufsätze.* Band III: 1933–1937. Frankfurt am Main 1983, S. 65.

111 Adler, Alfred. Zur Massenpsychologie. In: ders. *Psychotherapie und Erziehung. Ausgewählte Aufsätze.* Band III: 1933–1937. Frankfurt am Main 1983, S. 66.

Das kulturelle Vorurteil, zum Beispiel gegenüber Andersdenkenden, anderen Völkern und Religionen, wurde auch von Sullivan in seiner abwertenden psychologischen Funktion herausgestellt.[112] Adler betonte, dass Vorurteile sich nicht nur für das Opfer, sondern auch für den Täter schädlich auswirken. In bezug auf die Entwicklung des Gemeinschaftsgefühls stellte er fest, "dass solche Vorurteile sich nicht nur zum Nachteil des Kindes auswirken, das gedemütigt wird, sondern auch für die anderen, die Angreifer, die aktiv demütigen und erniedrigen. Sie werden hochnäsig, eingebildet und dünkelhaft; sie glauben, sie gehören zu einer bevorrechtigten Gruppe, und wenn sie versuchen, gemäss den Vorrechten zu leben, die sie sich angemasst haben, dann werden sie am Ende oft als Gescheiterte und Versager dastehen."[113] Die Fähigkeit eines Menschen, eigenständig zu denken und verantwortungsbewusst zu handeln, ist von der entwickelten Anteilnahme am Mitmenschen abhängig; nur dann ist er bereit, Gewalt und Ungerechtigkeiten zu erkennen und ihnen entgegenzutreten. "Nur wenn das Kind bereits zum Gemeinschaftsgefühl erwacht ist, kann man mit Sicherheit erwarten, dass es Ungerechtigkeiten als wertlos und drückend erfassen wird, wo immer es sie später beobachten kann. (. . .) All denen, die sich auf dem Weg menschlicher Kooperation befinden, wird der Krieg als abscheulich und unmenschlich erscheinen. Wächst eine Generation oder ein Teil derselben ohne genügendes Gemeinschaftsgefühl heran, so dass ihnen ihr persönliches Interesse mehr am Herzen liegt als das allgemeine

---

[112] Sullivan, Harry Stack. *The Fusion of Psychiatry and Social Science*. New York 1964. Siehe auch: Vorurteile – ein Hemmnis für die freie Fühlungnahme. In: *Menschenkenntnis*. 1988/12, S. 5ff.

[113] Adler, Alfred. *Kindererziehung*. Frankfurt am Main 1976, S. 113.

Wohl, dann kann ihnen der Krieg als gerechtfertigtes Mittel erscheinen, persönliche und eigene Interessen zu befriedigen."[114] Nur die unsichere, innerlich vereinsamte oder künstlich angestachelte Persönlichkeit vermag in der Illusion der eigenen Aufwertung Gewalttaten zu begehen: "Kein jemals begangener Akt von Grausamkeit, dem nicht eine verborgene Schwäche zugrunde läge! Wirklich starken Menschen steht der Sinn nicht nach Grausamkeit."[115]

Entwicklungspsychologische Befunde

Adler hatte zeigen können, dass das psychische Erleben des einzelnen Menschen nur erklärbar und verständlich wird in seinem Bezug zum Sozialen. Die individuell erworbene Stellungnahme zum Leben ist immer das Ergebnis des emotionalen Wechselspiels zwischen Kind und Erziehenden in den ersten Jahren des Lebens. Der soziale Bezug der kindlichen Erlebnisverarbeitung ist vom Lebensanfang an gegeben. Das Kind bringt das "funktionelle Erbgut"[116] mit, Verbindung zum Mitmenschen aufzunehmen. Es zeigt eine "Neigung zur Kooperation vom ersten Tage an".[117] Adler spricht hier auch von der

---

[114] Adler, Alfred. Zur Massenpsychologie. In: ders. *Psychotherapie und Erziehung. Ausgewählte Aufsätze.* Band III: 1933–1937. Frankfurt am Main 1983, S. 68.

[115] Adler, Alfred. *Kindererziehung.* Frankfurt am Main 1976, S. 62.

[116] Adler, Alfred. Kindliches Seelenleben und Gemeinsinn. In: *Annalen der Natur- und Kulturphilosophie,* Leipzig 1917, S. 38.

[117] Adler, Alfred. *Der Sinn des Lebens.* Frankfurt am Main 1973, S. 134.

"Bindungsfähigkeit"[118] des Kindes. Die von Adler in der psychotherapeutischen Hilfeleistung und Beratungsarbeit mit Lehrern, Erziehern, Eltern und Kindern gewonnene Einsicht in die soziale Natur des Menschen wurde durch detaillierte Studien der Entwicklungspsychologie seit den 40er Jahren, vor allem aber in den 70er und 80er Jahren bestätigt.

Die Interaktionsforschung

Studien zur frühen Interaktion zwischen Säugling und Mutter bestätigen, dass schon der junge Säugling mit seiner ganzen körperlichen und sinnesphysiologischen Ausstattung auf die Kontaktaufnahme zum Mitmenschen ausgerichtet ist und zwischenmenschliche Erfahrungen allen anderen Eindrücken vorzieht. "It is apparent that in a number of ways the child arrives in the world preadapted for social interaction. He is equipped with a social apparatus specially tuned to respond to humanlike stimulation; faces and voices in particular have attention-attracting qualities of considerable potency."[119] In solcher Weise vorbereitet auf die Beziehungsaufnahme zum Mitmenschen, lernt der Säugling früh, Vorgänge in der Interaktion mit seinen ersten Beziehungspersonen wahrzunehmen und zu unterscheiden. Aktiv versucht es, Interaktionen aufzunehmen und die Erfahrungen zu verarbeiten. Alles, was das Kind lernt, lernt es in diesem sozialen Wechselspiel und hängt von der Art und Weise seiner Erzieher ab, wie sie den Kontakt zum Kind herstellen, die kindlichen Aktivitäten aufgreifen und die

---

118 Adler, Alfred. *Kindererziehung*. Frankfurt am Main 1976, S. 59.

119 Schaffer, Herbert R. *The child's entry into a social world.* London 1984, S. 42.

Aufrechterhaltung der Beziehung ermöglichen. Die Ergebnisse der Interaktionsforschung stellen die grundlegende Bedeutung der frühen Beziehungserfahrungen für Lebenserhalt und Entwicklung des Kindes eindeutig heraus. "Überlebenswichtig für das Neugeborene ist, sich die Interaktion mit einem Erwachsenen zu sichern. (. . .) Unter diesem Schutz und in konkreten Lernsituationen baut es dann lernend neue Verhaltensweisen auf (. . .) Eine solche Interpretation des Neugeborenenverhaltens legt nahe, dass man das Neugeborene als ein in der Interaktion mit seiner sozialen Umwelt dynamisch sich entwickelndes Wesen betrachten muss. Für seine Entwicklung ist bedeutsam, wie sich die frühen Interaktionen mit seinen erwachsenen Partnern, insbesondere seiner Mutter, einspielen. Die Neugeborenenzeit legt damit einen wichtigen Grundstein für die weitere Entwicklung." [120]

Ende der 40er Jahre hatte schon René A. Spitz in einer erschütternden Dokumentation über die Auswirkungen emotionaler Vernachlässigung bei Heimkindern auf die lebensnotwendige Anteilnahme und Fürsorge der Erziehenden für die kindliche Entwicklung aufmerksam gemacht.[121] Kinder, die unter einem Mangel an emotionaler Zuwendung oder in gestörten Mutter-Kind-Beziehungen aufwachsen, zeigen starke Beeinträchtigungen in der gesamten emotionalen, geistigen und körperlichen Entwicklung, die mitunter, wenn ein Mindestmass an Beziehung nicht gewährleistet ist, zu schwerem körperlichem Zerfall

---

120 Rauh, Hellgard. Frühe Kindheit. In: Oerter, R./Montada, L. *Entwicklungspsychologie*. München 1982, S. 145.

121 Spitz, René A. Hospitalism. An inquire into the genesis of psychiatric conditions in early childhood. In: *The Psychoanalytic Study of the Child*. 1945/1, S. 53f.

und zum Tod führen können. "Das Fehlen dieser mütterlichen Fürsorge kommt einem emotionalen Verhungern gleich. Wir haben gesehen, dass dieses einen fortschreitenden Verfall herbeiführt, der sich auf die ganze Person des Kindes erstreckt. Dieser Verfall manifestiert sich zuerst in einer Stockung in der psychischen Entwicklung des Kindes; dann setzen psychische Funktionsstörungen ein, mit denen somatische Veränderungen einhergehen. Im nächsten Stadium führt dies zu gesteigerter Infektionsanfälligkeit und schliesslich, wenn der Mangel an affektiver Zufuhr bis ins zweite Lebensjahr hinein andauert, zu einer auffallenden Erhöhung der Sterblichkeitsquote."[122] Seit den empirischen Untersuchungen von Spitz besteht in der wissenschaftlichen Entwicklungspsychologie kein Zweifel darüber, dass die Forschung von der sozialen Angewiesenheit des menschlichen Neugeborenen ausgehen und alle Entwicklungen des Kindes in Hinblick auf die elterliche Fürsorge erklären können muss.

Spitz kommt das Verdienst zu, die aus der tiefenpsychologischen Hilfeleistung retrospektiv gewonnene Einsicht, dass Störungen im Gefühlsleben des erwachsenen Menschen ihren Ursprung in Interaktionsprozessen mit den Bezugspersonen der ersten Lebensjahre haben, durch direkte Beobachtung an Kleinkindern einem genaueren Verständnis zugänglich gemacht zu haben. Er mass der gefühlsmässigen Einstellung der Mutter zu ihrem Kind richtungweisende Bedeutung bei. Im emotionalen Interesse der Mutter am Kind, in ihrer Anteilnahme, liegen Gefühlswerte für das Kind, auf die es ebenfalls affektiv

---

Sowie ders. Hospitalism: A follow-up report. In: *The Psychoanalytic Study of the Child.* 1946/2, S. 113ff.

122 Spitz, René A. *Vom Säugling zum Kleinkind. Naturgeschichte der Mutter-Kind-Beziehung im ersten Lebensjahr.* Stuttgart 1983, S. 292.

reagiert. In der Gefühlshaltung der Mutter sieht Spitz eine Orientierung für die Affekte des Säuglings.[123] Der emotionale Austausch in der Beziehung zwischen Mutter und Kind gibt der kindlichen Persönlichkeitsentwicklung ihre Richtung. Spitz räumt ein, dass ihm noch "für die Beschreibung dieser subtilen Vorgänge der rechte Begriff fehlt. Es handelt sich um eine Formung, einen nicht wahrnehmbaren und fassbaren Modellierungsprozess."[124]

Erst der Einbezug ethologischer Befunde, die Durchführung kulturvergleichender Untersuchungen und die Nutzung differenzierter experimenteller Methoden durch die Bindungsforschung von John Bowlby, Mary D. Salter Ainsworth und anderen ermöglichten ein genaueres Studium und tieferes Verständnis der feinen Vorgänge und gefühlsmässigen Abstimmungen zwischen Mutter und Kind. Diese Forschungsergebnisse bieten für die psychotherapeutische Arbeit eine Fülle empirischen Materials und wurden seit den 80er Jahren von der Psychologischen Lehr- und Beratungsstelle und vom VPM systematisch aufgearbeitet und in die psychotherapeutische und aufklärende Arbeit einbezogen.[125]

---

123 Spitz, René A. *Vom Säugling zum Kleinkind. Naturgeschichte der Mutter-Kind-Beziehung im ersten Lebensjahr.* Stuttgart 1983, S. 116f.

124 Spitz René A. *Die Entstehung der ersten Objektbeziehungen.* Stuttgart 1960, S. 108f.

125 Vergleiche zum Beispiel *Menschenkenntnis*. Psychologische Zeitschrift für Ehe-, Erziehungs-, Berufs- und andere Lebensfragen. 1989/3, 9 und 10.

Die Bindungstheorie

Der englische Psychiater und Entwicklungspsychologe John Bowlby bestätigte Spitz' Erkenntnisse in einer von der WHO in Auftrag gegebenen Studie über die Auswirkungen emotionaler Vernachlässigung bei Kindern aus Heimen und anderen Institutionen.[126] Er konnte sich dabei bereits auf die Forschungen von Pfaundlers[127] und Spitz zum Hospitalismus und auf die klinischen Arbeiten von Bender,[128] Burlingham und Freud,[129] Goldfarb[130] und anderen zu den Folgen längerer oder häufigerer Trennungen des Kindes von der Mutter stützen, die insgesamt unzweifelhaft zeigen, dass ein Kind, für dessen leibliches Wohl gesorgt sein mag, zugrunde gehen kann, wenn es ohne ausreichende mitmenschliche Beziehung bleibt. Bowlby zog aus diesem Material den Schluss: "Als wesentliche Voraussetzung für die psychische Gesundheit muss die Bedingung gelten, dass das Kleinkind eine warme, innige und dauerhafte Beziehung zur Mutter (oder zu einer ständigen Ersatzmutterfigur) besitzt, in

---

126 Bowlby, John. *Maternal care and mental health.* Genf 1951 (deutsch: *Mütterliche Zuwendung und geistige Gesundheit*, München 1973.).

127 Vergleiche Schmalohr, Emil. *Frühe Mutterentbehrung bei Mensch und Tier*. München 1980, S. 25f.

128 Bender, L. Psychopathic behaviour disorders in children. In: Lindner, R. M./Seliger, R. V. (Hrg.) *Handbook of correctional psychology*. New York 1947.

129 Burlingham, D./Freud, A. *Young children in wartime*. London 1942. Dies., *Infants without families*. London 1944.

130 Goldfarb, W. Emotional and intellectual consequences of psychologic deprivation in infancy: a revaluation. In: Hoch, P. H./Zubin, J. (Hrg.) *Psychopathology of Childhood.* New York 1955.

der beide Erfüllung und Freude finden."[131] Von den Eindrücken seiner Forschungsarbeit erschüttert, sah Bowlby die Hauptaufgabe für die Zukunft in der Aufklärung und Anleitung der Eltern, um die Folgen emotionaler Vernachlässigung schon in den Anfängen zu verhindern. Neben seiner mehr als 25 Jahre dauernden Erziehungsberatungstätigkeit bemühte er sich, die Ergebnisse seiner wissenschaftlichen Arbeit in einer systematischen Entwicklungstheorie, der "Bindungstheorie", allgemein zugänglich zu machen.

Die Erkenntnis von der sozialen Angewiesenheit des menschlichen Neugeborenen, die in klinischer Hinsicht sowohl die Heimpädagogik als auch die Kindererziehung nachhaltig beeinflusste,[132] stand in theoretischer Hinsicht im Widerspruch zu der dominierenden Persönlichkeitstheorie der Psychoanalyse, die die Entstehung zwischenmenschlicher Beziehungen als sekundäre Folge der Befriedigung primärer triebhafter Bedürfnisse sah. Da die psychoanalytisch orientierte Kleinkindforschung nicht mehr in der Lage war, die schon beim Neugeborenen beobachteten komplexen Verhaltensweisen in der Beziehungsaufnahme zur Mutter zu erklären, versuchte Bowlby unter Einbezug der Ergebnisse der Ethologie einen neuen Begriffsapparat zu erarbeiten, der die überholten Trieb- und Instinktspekulationen ersetzen konnte.

Die Bindungstheorie geht von der Tatsache aus, dass das menschliche Neugeborene über phylogenetisch erworbene Präadaptionen an die soziale Umwelt verfügt. Diese soziale Voran-

---

131 Bowlby, John. Bindung. *Eine Analyse der Mutter-Kind-Beziehung*. München 1975, S. 9.

132 Bowlby, John. Attachment and loss: Retrospect and prospect. In: *Annual Progress in Child Psychiatry and Child Development*. 1984, S. 29ff.

gepasstheit umfasst sowohl die sensorische Beschaffenheit und zentralnervöse Verarbeitung als auch eine Vielzahl von Verhaltenssystemen, die unter der Bezeichnung "Bindungsverhalten" zusammengefasst werden.[133] Mit Bindungsverhalten ist dabei jedes Verhalten gemeint, das Nähe zu einem betreuenden und beschützenden Artgenossen bei wahrgenommener Gefahr einleiten oder erhalten kann.[134] Das Bindungsverhalten stellt gewissermassen eine Bereitschaft des Neugeborenen zur Interaktion mit seinen Artgenossen dar, die zunächst in auf sie ausgerichteten Signalen zum Ausdruck kommt. Eine Bindung des Kindes an die erste Beziehungsperson, "attachment as a bond, tie, or enduring relationship",[135] entsteht jedoch erst dadurch, dass diese Bereitschaft des Neugeborenen von ihr entgegengenommen und in einer Interaktion beantwortet wird. Entsprechend der gemeinsamen Interaktionsgeschichte entwickeln sich individuelle Bindungsqualitäten, die von Ainsworth als sicher (B-Muster), ambivalent-unsicher (C-Muster) beziehungsweise vermeidend-unsicher (A-Muster) unterschieden werden.[136]

Ainsworth, die durch die Entwicklung einer standardisierten Testsituation ("Ainsworth-Strange-Situation-Test") zur experi-

---

133 Bowlby, John. *Bindung. Eine Analyse der Mutter-Kind-Beziehung*. München 1975.

134 Bowlby, John. *Das Glück und die Trauer. Herstellung und Lösung affektiver Bindungen*. Stuttgart 1982, S. 157.

135 Ainsworth, Mary D. Salter/Blehar, M.C./Waters, E./Wall, S. *Patterns of attachment. A psychological study of the strange situation*. New York 1978, S. 17.

136 Ainsworth, Mary D. Salter. Attachment and exploratory behavior of one-year-olds in a strange situation. In: Foss, B. M. (Hrg.) *Determinants of the infant behaviour IV*.

mentellen Überprüfbarkeit der Bindungstheorie beitrug, hatte herausgearbeitet, dass die Bindungsqualität von der Feinfühligkeit der Beziehungsperson abhängt. Die Aufnahme der Impulse des Kindes durch den Bindungspartner verlangt rege Aufmerksamkeit, um die Signale des Kindes zu bemerken, erfahrenes Wissen und Einfühlungsvermögen, die Signale adäquat interpretieren zu können, und schliesslich eine prompte und angemessene, weder vernachlässigende noch überbehütende Antwort. Solch eine idealtypisch gedachte Mutter ist "ausnehmend gut auf die Signale des Kindes eingestellt und reagiert auf sie prompt und angemessen. Sie ist in der Lage, die Dinge vom Standpunkt des Babys aus zu sehen. Die Wahrnehmungen seiner Signale und Kommunikationen sind durch ihre eigenen Bedürfnisse und Abwehrreaktionen nicht verzerrt. Sie erkennt die Signale des Babys und seine Kommunikationen mit grosser Fertigkeit und kennt die Bedeutung selbst subtiler, minimaler und wenig offensichtlicher Merkmale."[137] Die feinfühlige Aufnahme der Impulse bringt beim Kind sowohl ein Gefühl der Sicherheit, nämlich zuverlässig auf die Hilfe eines Mitmenschen vertrauen zu können, als auch ein Gefühl der Wirkung, nämlich dies und andere Problemlösungen durch die eigene Aktivität erreicht zu haben, mit sich. Bei weniger feinfühliger Aufnahme erlebt das Kind Sicherheit nur beschränkt oder gar nicht.

Dieses Gefühl der Sicherheit oder Unsicherheit, das sich beim Kind aus seinen ersten Erlebnissen niederschlägt, ist ausseror-

---

based on the proceedings of the fourth Tavistock study group on mother-infant interaction. London 1969.

137 Ainsworth, Mary D. Salter. Feinfühligkeit versus Unempfindlichkeit gegenüber den Signalen des Babys. In: Grossmann, Klaus E. (Hrg.) *Entwicklung der Lernfähigkeit in der sozialen Umwelt*. München 1977, S. 104.

dentlich bedeutsam für seinen weiteren Werdegang: Nach ihm richtet sich seine Aktivität sowohl hinsichtlich der gegenständlichen Welt als auch in bezug auf die menschliche Gemeinschaft. Ainsworth konnte diesen Zusammenhang deutlich daran zeigen, dass das Kind seine erste Beziehungsperson nutzt als "secure base from which to explore and as haven of safety to which to return".[138] Die Aktivität des Kindes ist abhängig vom bisherigen Verlauf der Beziehungen: Weniger sicher gebundene Kinder zeigen sich in ihrer Exploration ängstlicher, sicherer gebundene Kinder hingegen mutiger. Kinder, die ein ausreichendes Mass an Sicherheit in der Bindung zur Mutter erleben, zeigen sich gegenüber neuen Situationen unbekümmert und zuversichtlich. Die Sicherheit in der Beziehung zur Mutter gibt eine Grundlage, die Umwelt zu erforschen und neue Beziehungen einzugehen.[139] In der sicheren Bindung zu einer vertrauten Person erfährt das Kind, dass die von ihm ausgehenden Initiativen der Beziehungsaufnahme entgegengenommen und prompt und angemessen erwidert werden. Es erlebt die Anteilnahme an seinen Freuden, Unterstützung und Trost in verunsichernden Situationen. In dieser Weise gestärkt, kann es Zuversicht in sich selbst entwickeln und seine forschenden Aktivitäten auf andere Dinge und Personen ausweiten. Insofern ist der Werdegang des Kindes, die Bildung von Selbstvertrauen und Vertrauen in andere als Grundlage der sozialen Kommunikationsfähigkeit und die Bildung eines Gefühls der Wirkung als Grundlage der lernend-explorierenden Aneignung von Kompe-

---

138 Ainsworth, Mary D. Salter. Object relations, dependency, and attachment: A theoretical review of the infant-mother-relationsship. In: *Child Development*, 40/1969, S. 1006.

139 Ainsworth, Mary D. Salter/Blehar, M.C./Waters, E./Wall, S. *Patterns of attachment. A psychological study of the strange situation*. New York 1978.

tenzen abhängig vom Umgang, den seine Beziehungspersonen mit ihm pflegen. Eine mutige und sachgemässe Entwicklung werden Kinder einschlagen, die "zuversichtlich und überzeugt sind, dass hinter ihnen eine oder mehrere Personen stehen, die bei auftauchenden Schwierigkeiten zu Hilfe kommen. Die zuverlässige Person stellt eine sichere Basis dar, von der aus das Individuum operieren kann. (. . .) Ein wichtiger Bestandteil (der selbstsicheren Person) ist die Fähigkeit, vertrauensvoll auf andere zu bauen, wenn die Gelegenheit es erfordert, und zu wissen, auf wen zu bauen angemessen und richtig ist."[140]

Der diese Entwicklung fördernde Umgang der Beziehungspersonen, ihre Feinfühligkeit in der Aufnahme der Impulse des Kindes, ist von deren emotionaler Bereitschaft abhängig. Die von Ainsworth als feinfühlig, anerkennend, kooperierend und verlässlich beschriebene Haltung, die im Umgang mit dem Kind erst den "tone for mutual cooperation"[141] schafft, entsteht nicht durch einen willentlichen Entschluss, sondern ist abhängig vom Wissen über die kindliche Natur, von der aktuellen Gemütsverfassung und vor allem von erworbenen, eigenen Gefühlsdispositionen. "Die Mutter trägt die ganze Komplexität ihrer Persönlichkeit mit allen unbewussten Anteilen und allen kulturellen Schemata zu dieser Beziehung bei, und die Wahr-

---

140 Bowlby, John. *Trennung*. München 1976, S. 410.

141 Ainsworth, Mary D. Salter. Infant-mother attachment an social development: Socialisation as a product of reciprocal responsiveness to signals. In: Richards, M., *The integration of the child into the social world*. Cambridge 1974, S. 113.

scheinlichkeit ist gross, dass von ihrer Seite her nervöse oder sonst unsachgemässe Impulse in das Wechselspiel einfliessen."[142]

Mütterliche Unzulänglichkeiten in der Kinderpflege werden verständlich "durch die einfache Tatsache, dass jede neue Elterngeneration, mehr als ihr bewusst ist, durch die Neigung beeinflusst wird, ihre Kinder auf eine Weise zu behandeln, die der ähnlich ist, die sie selber erfahren hat."[143] So untersucht die Bindungsforschung neuerdings den Zusammenhang zwischen der für die Mutter möglichen Bindungsqualität und der von ihr selbst in ihrer Geschichte erlebten Sicherheit in Bindungen.[144] Entwicklungsstörungen in der Lebensgeschichte der Mutter können zu einer Einschränkung ihrer Responsibilität und Sensibilität gegenüber ihrem Kind führen.

Diese Stabilität der Bindungsqualität bzw. Bindungsfähigkeit beruht auf psychischen, gefestigten Annahmen über die eigene Person, den anderen Menschen und der Beziehung zwischen jenen und sich. Diese inneren Repräsentationen werden aus den alltäglichen Versuchen und Erfahrungen des Kindes, Bindung

---

142 Kaiser, Annemarie. *Das Gemeinschaftsgefühl – Entstehung und Bedeutung für die menschliche Entwicklung. Eine Darstellung wichtiger Befunde aus der moderenen Psychologie.* Zürich 1981, S. 85.

143 Ainsworth, Mary D. Salter. Weitere Untersuchungen über die schädlichen Folgen der Mutterentbehrung. In: Bowlby, J. *Mutterliebe und kindliche Entwicklung*. München 1985, S. 215.

144 Main, Mary. Security in infancy, childhood, and adulthood: A move to the level of representation. In: Bretherton, I./Waters, E. Growing points in attachment theory and research. *Monographs of the Society for Research in Child Development.* 1979 S. 66 ff.

herzustellen und zu erhalten, zu einem "inneren Arbeitsmodell" strukturiert.[145] Sie bestimmen das Gefühl des Kindes gegenüber seinen Beziehungspersonen und gegenüber sich selbst, folglich auch die Erwartungen, wie es von seinen Beziehungspersonen behandelt werden wird, sowie die Pläne, nach denen es sich selbst ihnen gegenüber verhalten wird. Insbesondere enthalten die inneren Arbeitsmodelle Informationen sowohl über den eigenen Wert (Selbstwertgefühl) und das eigene Vermögen, Probleme lösen zu können (Selbstvertrauen), als auch über die Zuverlässigkeit und Hilfsbereitschaft der Mitmenschen (Menschenbild).[146] Die in der frühen Kindheit gebildeten inneren Arbeitsmodelle, die aus den erlebten Interaktionsmustern abgeleitet werden, werden in der weiteren Entwicklung des Kindes trainiert und generalisiert. Sie bleiben in der Regel als solche unbewusst, unkorrigiert und unverändert bestehen. So kann es sein, dass sich ein Kind auf unzureichende, verzerrte Reaktionsbereitschaften der Mutter abzustimmen beginnt und sich ein dem Beziehungsmangel entsprechendes, ausserordentlich stabiles Wechselspiel ergibt, "das – obwohl es für die

---

145 Bowlby, John. *A secure base. Clinical applications of attachment theory*. London 1988.

146 Grossmann, Klaus E./August, P./Fremmer-Bombik, E./ Friedl, A./Grossmann, K./Scheurer-Englisch, H./Spangler, G./ Stephan, C./Suess, G. Die Bindungstheorie: Modell und entwicklungspsychologische Forschung. In: Keller, H. (Hrg.) *Handbuch der Kleinkindforschung*. Berlin 1989.

Lebenssituation beider Teile ungünstig und erschwerend ist – dennoch von der Mutter und vom Kind weiter affektiv genährt und gefestigt wird".[147]

Das solchermassen erworbene Lebensgefühl und die Art und Weise der Bewältigung von Lebensproblemen prägt, ob erfolgreich oder nicht, im weiteren Verlauf jede neue Beziehungsaufnahme. Das Individuum neigt dazu, "jede neue Person, zu der es eine Bindung entwickeln mag – zum Beispiel Ehegatte oder Kind oder Arbeitgeber oder Therapeut –, einem bestehenden Modell (entweder von Mutter oder Vater oder vom eigenen Selbst) anzupassen, und das oft auch dann noch, wenn es sich wiederholt gezeigt hat, dass das Modell ungeeignet ist".[148] Bowlby konnte bereits Erfahrung darin sammeln, dieses Wissen für die Psychotherapie zu nutzen, in der die Versöhnung mit den Eltern eine Steigerung der Beziehungsfähigkeit erst möglich machte.

Auch Menschen, die nach einer sicheren Entwicklungsgeschichte in der Lage sind, auftretenden Lebensproblemen eigenständig zu begegnen, sind nicht unabhängig von den Bindungen zu anderen Menschen: Der Mensch rechnet mit dem Menschen. Je vertrauenswürdiger die Beziehungen sind, "desto mehr besteht nach Bowlby die Gefahr, dass ihre Bedeutung für das Leben jedes Menschen übersehen oder vergessen wird.

---

147 Kaiser, Annemarie. *Das Gemeinschaftsgefühl – Entstehung und Bedeutung für die menschliche Entwicklung. Eine Darstellung wichtiger Befunde aus der modernen Psychologie.* Zürich 1981, S. 85.

148 Bowlby, John. *Das Glück und die Trauer. Herstellung und Lösung affektiver Bindungen.* Stuttgart 1982, S. 174.

(. . .) Eine wesentliche Fähigkeit der gesunden Persönlichkeit ist es, sich wenn nötig vertrauensvoll auf andere verlassen zu können und zu wissen, wo ein solches Vertrauen angebracht ist. Ein Mensch mit gesundem Selbstvertrauen ist somit fähig, sich der Situation anzupassen: Das eine Mal wird er die sichere Basis bieten, von der aus seine Mitmenschen operieren können, das andere Mal wird er sich freuen, bei einem von ihnen den Rückhalt zu finden und sich auf ihn verlassen zu können."[149]

In Langzeitstudien konnte gezeigt werden, dass sich ausreichend sicher gebundene Kinder im Zusammenspiel mit Gleichaltrigen oder anderen Erwachsenen freundlicher, kooperativer und zugewandter zeigten als andere Kinder. Sie wirkten geschickter in der Bewältigung neuer Aufgaben, zeigten eine grössere Bereitschaft zu neuen Beziehungen, waren eher in der Lage, Konflikte mit anderen Kindern konstruktiv zu lösen, und zeigten gegenüber ihren Altersgenossen eine grössere Bereitschaft, helfend beizuspringen oder selbst Hilfe in Anspruch zu nehmen.[150] "Eine gute Beziehungsqualität fördert die kindliche Entscheidungsfähigkeit, seine Selbstbeherrschung, seine geistige Beweglichkeit, seine soziale Kompetenz und eine

---

149 Kaiser, Annemarie. *Das Gemeinschaftsgefühl – Entstehung und Bedeutung für die menschliche Entwicklung. Eine Darstellung wichtiger Befunde aus der modernen Psychologie.* Zürich 1981, S. 89.

150 Waters, E./Wippman, J./Sroufe, L. A. Attachment, positive affect, and competence in the peer group: Two studies in construct validation. In: *Monographs of the society for research in child development.* 1979, S. 821ff. vgl. Suess, G. *Auswirkungen frühkindlicher Bindungserfahrungen auf die Kompetenz im Kindergarten.* Regensburg 1987.

angstfreie Verfügung über seine intellektuellen Ressourcen, sein Einfühlungsvermögen und seine Beziehungsfähigkeit. Solche Kinder lernen mit gewisser Toleranz realistisch zu planen und zu handeln. Sie rechnen mit verschiedenen Möglichkeiten, wenn es angebracht ist."[151]

Prosoziales Verhalten und Soziale Lerntheorie

Die von der Bindungstheorie aufgestellten Untersuchungsergebnisse werden durch eine Vielzahl von Studien aus anderen Forschungsbereichen unterstützt. So kommt beispielsweise Ervin Staub (1982) in einem umfangreichen Überblick über die Forschung zu den Entwicklungsbedingungen prosozialen Verhaltens bei Kindern zu übereinstimmenden Ergebnissen.[152]

Die Basis einer vertrauensvollen, emotional warmen Beziehung zwischen Eltern und Kind, die Neigung der Eltern, auf die Signale des Kindes angemessen einzugehen, ermöglichen dem Kind emotionale Sicherheit und das Gefühl, erfolgreich auf seine Umgebung Einfluss nehmen zu können.[153] Die so gewonnene positive Grundeinstellung gegenüber dem Selbst entspricht einer grösseren Unbefangenheit in sozialen Interaktionen, auf andere Menschen einzugehen und ihnen zu helfen. Vertrauen und Selbstvertrauen ebnen eine positive Grundein-

---

151 Grossmann, Klaus E. Die Qualität der Beziehung zwischen Eltern und Kind. In: *Praxis der Psychotherapie und Psychosomatik*. Berlin 1985.

152 Staub, Ervin. *Entwicklung prosozialen Verhaltens. Zur Psychologie der Mitmenschlichkeit*. München 1982.

stellung gegenüber anderen Menschen, mithin die Voraussetzung für die Ausbildung prosozialer Verhaltensweisen. Die vertrauensvolle Beziehung erleichert dem Kind zusätzlich eine positive Identifikation und das Lernen.[154]

Aufbauend auf einer von Zuwendung und Herzlichkeit geprägten Atmosphäre hat die sachgemässe Anleitung durch die Erzieher fördernde Funktion in der Ausbildung kooperativer, gemeinschaftsbezogener Verhaltensweisen beim Kind. Diana Baumrind bestätigte, dass ein komplexes Erziehungsmuster, welches sie als "autoritativ" (im Gegensatz zu autoritär) bezeichnete, massgeblich die prosoziale Orientierung des Kindes unterstütze. Autoritative Eltern waren gegenüber ihren Kindern warmherzig, aufmerksam und unterstützend; die Art der Kommunikation war klar und von einsichtigen Argumenten geleitet; sie ermunterten ihre Kinder deutlich zu Selbständigkeit und Übernahme von Verantwortung und stellten begründete Reifeanforderungen. Ausserdem war der elterliche Umgang von klaren, kontinuierlichen Wertvorstellungen geleitet und von der Bereitschaft, auf ihr Kind Einfluss zu nehmen, negative Handlungen zu missbilligen, positive zu unterstützen und korrigierende Anleitungen zu geben. Die Kinder dieser Eltern waren gegenüber Kindern eher verwöhnender, vernachlässigender oder strenger Eltern selbstsicher, zeigten eine fröhliche Gestimmtheit und pflegten freundliche und kooperative Beziehungen zu Gleichaltrigen und Erwachsenen. Sie waren erfolg-

---

153 Coopersmith, Stanley. *Antecedents of selfesteem.* San Francisco 1967.

154 Staub, Ervin. *Entwicklung prosozialen Verhaltens. Zur Psychologie der Mitmenschlichkeit.* München 1982, S. 157ff.

reicher im Lernen und zeigten gegenüber neuartigen beziehungsweise belastenden Situationen mehr Neugierde und Interesse.[155]

Staub hebt hervor, dass die von Eltern gelebten Erziehungsmuster von deren Wertvorstellungen abgeleitet sind. Wertorientierungen der Eltern beinhalten Vorstellungen über die eigenen Beziehungen zu anderen, zur Gesellschaft und zur Arbeit, über Kindererziehung und Erziehungsziele. Beständigkeit im Umgang ist abhängig von stabilen Wertorientierungen. Orientierungen und Geschick, Wissen und Kompetenz im erzieherischen Umgang bilden eine Struktur im Leben des Kindes, formen die Art der Beziehung zum Kind. "Diese Struktur hat tiefgehende Auswirkungen, da sie von den Kindern aufgenommen wird und ihnen ein überlerntes, aber zumeist implizites Konzept davon vermittelt, wie die Menschen sind und welche Interaktionen zwischen ihnen möglich erscheinen."[156]

Hoffman untersuchte die Auswirkungen einer "humanistischen" Wertorientierung der Eltern auf das prosoziale Verhalten ihrer Kinder. Vor allem der Umstand, dass diese Eltern auf negative, dem Gemeinschaftsleben abträgliche Handlungen ihrer Kinder nicht restriktiv eingingen, sondern aufklärend und anleitend, hatte für die Entwicklung einer prosozialen Orientierung grosse Bedeutung. Die Eltern missbilligten antisoziale Verhaltensweisen ihrer Kinder unmissverständlich und richteten die Aufmerksamkeit ihrer Kinder auf die Folgen ihres Verhaltens. Sie

---

155 Baumrind, Diana. Child care practices anteceding three patterns of preeschool behavior. In: *Genetic Psychological Monographs.* Band 75/1967, S. 43ff. dies. Current patterns of parental authority. In: *Developmental Psychology.* 1971, S. 1ff.

156 Staub, Ervin. *Entwicklung prosozialen Verhaltens. Zur Psychologie der Mitmenschlichkeit.* München 1982, S. 229.

weckten das Mitgefühl für die Verletzung anderer und gaben anleitende Unterstützung, wie die Kinder den verursachten Schaden selbstverantwortlich wiedergutmachen und ein freundschaftliches Verhältnis wiederherstellen konnten.[157] Staub sieht in diesem Vorgang vor allem die Möglichkeit, beim Kind das Einfühlungsvermögen, das heisst die Fähigkeit, die Ereignisse aus der Sicht anderer zu sehen, zu schulen. "Sehen Kinder eine Ähnlichkeit zwischen sich selber und anderen im Hinblick auf wichtige Dimensionen, die das 'Menschliche' ausmachen – grundlegende Bedürfnisse, Gefühle und dergleichen –, so kann sich daraus ein enges Gefühl der Verbundenheit mit anderen ergeben. Die Fähigkeit zum Mitfühlen und zur Identifikation mit anderen kann verstärkt werden, und es entwickelt sich unter Umständen ein weiter Anwendungsbereich für prosoziale Werte. (. . .) Zudem können Kinder lernen, das Wohl anderer Leute als etwas Wichtiges zu sehen und Leid anderer als etwas Schlechtes, ihr Wohlergehen als etwas Wünschenswertes zu empfinden."[158]

Gleichzeitig geben Eltern mit einer mitmenschlichen Lebenshaltung den Kindern eine eindeutige Orientierung. Die hohe Integrität von geäusserten und gelebten Wertvorstellungen erleichtern den Kindern eine kontinuierliche, positive

---

157 Hoffman, M. L. Altruistic behavior and the parent-child relationship. In: *Journal of Personality and Social Psychology*, 31/1975, S. 937ff.

158 Staub, Ervin *Entwicklung prosozialen Verhaltens. Zur Psychologie der Mitmenschlichkeit.* München 1982, S. 215.

Identifikation mit einem Modell. Sie "eiferten ihnen nach, mochten sie und hatten den Wunsch, so zu sein wie sie".[159]

Die Bedeutung elterlichen Modellverhaltens für das Kind wird auch von der sozialen Lerntheorie Albert Banduras hervorgehoben. Ausgehend von der naturgegebenen sozialen Lebensweise der Menschen, weist Bandura darauf hin, dass Kinder Fertigkeiten nicht "selbstentdeckend" lernen, sondern durch Beobachtung und Nachahmung. Im sozialen Bezug sich entwickelnd beobachtet das Kind Bewältigungsstrategien ihm sozial einflussreich erscheinender Modelle, übernimmt erfolgreich anmutende Verhaltensweisen und übt diese, solange sie sich zu bewähren scheinen, weiter ein.[160]

Es ist Banduras Verdienst, vor allem die Faktoren für das Erlernen antisozialer, aggressiver Verhaltensweisen aufgezeigt zu haben. Die gründliche Analyse der Forschung zeigte, dass Aggressionen weder unausweichliche, natürliche Lebensäusserungen des Menschen sind, noch dass ihr Ausagieren einen psychohygienischen Effekt für den einzelnen, geschweige denn für die Gesellschaft hat. Vielmehr fördern die Präsentation aggressiver Handlungen durch Eltern, Erzieher, Gleichaltrige, Medien und das Fehlen angemessenerer, konstruktiver Konfliktlösungspraktiken das Einüben von Aggressionen. Keine Stellungnahme gegen die Gewalt kommt einer sozialen Billigung beziehungsweise Befürwortung aggressiver Handlungen gleich. Bieten Eltern keine kompetenten, konstruktiven Modelle oder versäumen sie eine missbilligende Stellungnahme

---

[159] Staub, Ervin, *Entwicklung prosozialen Verhaltens. Zur Psychologie der Mitmenschlichkeit*. München 1982, S. 235.

[160] Bandura, Albert. *Sozialkognitive Lerntheorie*. Stuttgart 1979.

gegen gewalttätige Impulse der Kinder, vergrössert sich der Einfluss anderer Gruppen, etwa der Medien oder der Gleichaltrigen.

Aggressivität ist immer Ausdruck einer Schwäche der handelnden Person und spiegelt deren Unfähigkeit wider, soziale Konflikte angemessen zu lösen. Aggressionen werden zwar in sozialen Beziehungen gelernt, stellen aber den sozialen Anforderungen des Zusammenlebens widersprechende Lösungsversuche dar. Durch wohlwollende Anleitung, positive Wertsetzung und Unterstützung beim Einüben konstruktiver, kooperativer Lösungen von Konflikten öffnen sich Kindern und Jugendlichen neue Wege, im zwischenmenschlichen Bereich erfolgreich zu sein. Untaugliche aggressive Verhaltensweisen können aufgegeben werden.[161]

Es zeigt sich im Überblick der gesamten psychologischen Forschung, dass Gewalt in den zwischenmenschlichen Beziehungen einzig und allein auf Lernvorgänge zurückzuführen ist. Die tiefenpsychologische Forschung zur Entstehung gewalttolerierender und -bewundernder Lebensstile und die direkten Studien und Beobachtungen der sozialen Lerntheorie stellen gesichertes Wissen dar. Dieses Wissen ist jedoch heute – achtzig Jahre nach den ersten Erkenntnissen – noch keineswegs verbreitet. Es wird aus machtpolitischen Motiven bewusst unterdrückt. Statt Erkenntnissen werden Ideologien zur Verherrlichung der Gewalt verbreitet, die zu grosser Unsicherheit bei Pädagogen und Eltern führen. Durch die fehlende Stellungnahme und die Verherrlichung der Gewalt in öffentlichen Medien wird eine Generation heranwachsender junger Menschen in die Verwahr-

---

[161] Bandura, Albert. Aggression: *Eine soziallerntheoretische Analyse*. Stuttgart 1979.

losung getrieben, so dass wir heute eine erschreckende, stetig wachsende Zunahme der Gewalt in unserer Gesellschaft zur Kenntnis nehmen müssen.

Das im Dezember 1989 erschienene Gutachten der Unabhängigen Regierungskommission der Bundesrepublik Deutschland zur Verhinderung und Bekämpfung von Gewalt beleuchtet unter anderem die Situation an den Schulen. Es stellt als Ursache der sprunghaften Zunahme der Gewalt fest: Das demokratische Rechtsbewusstsein ist an den Schulen nicht mehr verankert, und die Bereitschaft, Konflikte mit Gewalt auszutragen, nimmt zu. Es besteht die Gefahr, dass die fehlende Orientierung in der Schule aggressive Handlungen der Schüler noch verstärkt. "Lehrerkollegien begünstigen ein schlechtes Schulklima und begünstigen damit den Boden für Aggressivität und Gewalt, wenn sie sich in der pädagogischen Zielsetzung weitgehend uneinig sind und durch unterschiedliches Lehr- und Erziehungsverhalten Unsicherheit bei Lehrern und Schülern auslösen. Ebenfalls aggressionsfördernd sind Lehrer, die ihre Rolle mehr denn je als blosse 'Wissensvermittler' verstehen und für die die allgemeine Erziehung, auch die Einhaltung von Normen und Akzeptanz von gesellschaftlichen Werten, nur noch eine geringe Rolle spielt. Häufig stehen Lehrer gewalttätigem Verhalten der Schüler unsicher gegenüber und tolerieren es mehr oder weniger bewusst. Gewaltmindernd dagegen ist ein sozialintegratives Lehrerverhalten, das einerseits klare Regeln und Grenzen setzt und Erwartungen an die Schüler deutlich werden lässt, das andererseits aber den Schülern auch die nötige

Wertschätzung vermittelt. Wenn Regeln unklar sind und ihre Einhaltung nicht kontrolliert wird, kann aggressivem Verhalten nicht Einhalt geboten werden."[162]

Die hier dargestellten Forschungsergebnisse werden im VPM systematisch aufgearbeitet, nach einer kritischen Analyse aufgegriffen und – beispielsweise auf pädagogischen Schulungswochen oder in entwicklungspsychologischen Seminaren – allen an pädagogisch-psychologischer Weiterbildung Interessierten zugänglich gemacht. Der Verein zur Förderung der psychologischen Menschenkenntnis setzt sich für ein gewaltfreies Zusammenleben ein. Nur in einem solchen Klima kann sich der Mensch zu einer eigenständigen, aufrechten Persönlichkeit entwickeln, um seinerseits die Gesellschaft aktiv mitgestalten zu können. Jeder Mensch, der diese humanistische Tradition erhalten möchte, kann im VPM seit Jahren tatkräftige Unterstützung bekommen. "Die wertvollen Erkenntnisse zur Entwicklung der menschlichen Persönlichkeit und zu sinnvollem pädagogischem Handeln bei Kindern und Jugendlichen können für die Zukunft wegweisend sein und viel menschliches Leid und Unglück verhindern: dass Eltern, Erzieher und Lehrer diese Erkenntnisse zum Wohle der Jugend nutzen mögen, ist unser Wunsch."[163]

---

162 *"Gewalt in der Bundesrepublik Deutschland"* – Gutachten der Unabhängigen Regierungskommission zur Verhinderung und Bekämpfung von Gewalt. Band I, 1989. S. 323.

163 Buchholz-Kaiser, Annemarie. Standortbestimmung. Zum Jahresbeginn 1989. In: Verein zur Förderung der psychologischen Menschenkenntnis (Hrg.). *Jahresbericht 1988.* Zürich 1989, S. 24.

Annemarie Kaiser

Das Gemeinschaftsgefühl - Entstehung und Bedeutung für die menschliche Entwicklung

Eine Darstellung wichtiger Befunde aus der modernen Psychologie

In der vorliegenden Untersuchung wird einer der wichtigsten Aspekte der theoretischen Grundlagen der psychologischen Lehr- und Beratungsstelle Friedrich Lieblings und heute des Vereins zur Förderung der Psychologischen Menschenkenntnis (VPM) dargestellt: die Entstehung und die Bedeutung des Gemeinschaftsgefühls. Ausgehend von den Forschungsergebnissen der Individualpsychologie Alfred Adlers werden die entsprechenden Befunde der Entwicklungspsychologie (Spitz, Bowlby) der Psychopathologie (Frieda Fromm-Reichmann) und der Neopsychoanalyse (Horney, Fromm, Sullivan) untersucht.

"Der Zustand grösserer Gemeinschaftlichkeit ist als ein Zustand grösserer Kooperationsfähigkeit zu verstehen, wo jeder einzelne sich mehr als bisher als ein Teil des Ganzen darstellt und durch diese vermehrte Teilnahme an der Gemeinschaft auch eine stärkere und ausgeprägtere Individualität entwickelt. Gemeinschaftlichkeit darf also nicht mit Konformität verwechselt werden; 'social feeling' ist, wie Alfred Farau betont, 'individual responsibility within and for the community. It is just the opposite of colletive conformity.' Durch einen höheren Grad an Gemeinschaftlichkeit kann jeder in vermehrtem Masse zum Wohle aller beitragen. Adler betrachtet die seelischen Funktionen nur dann als gesund und vernünftig, wenn sie - im Einklang mit der fortschreittenden Kultur - dem allgemeinen Wohl und damit der Höherentwicklung der Menschheit dienen und so zum Ziele der Evolution der Menschheit beitragen." (S. 33)

180 Seiten, Fr. 17.-, ISBN 3-85999-007-1

Annemarie Buchholz-Kaiser

Individualpsychologische Bildungsarbeit

Aspekte der analytischen Bearbeitung von
Persönlichkeitsproblemen in Gruppen

Das Gemeinschaftsgefühl bei Alfred Adler

im Vergleich zur Therapie der Psychosen bei
Frieda Fromm-Reichmann

Die Publikation enthält zwei Vorträge, die Annemarie Buchholz-Kaiser an Psychologiekongressen in Wien (1982) und Montreal (1985) gehalten hat. Beiden Dokumenten kommt - neben einer knappen und prägnanten Darstellung wichtiger Aspekte ihrer individualpsychologischen Arbeit auf den Grundlagen und Erfahrungen von Alfred Adler und Friedrich Liebling - eine Aktualität im doppelten Sinne zu. Ihre differenzierten Aussagen über die Gruppenarbeit und ihre ethische Perspektive der individualpsychologischen Bildungsarbeit lassen die persönlichen Verunglimpfungen, mit denen sich die Autorin in jüngster Zeit durch Medien und einen Teil der Erziehungs- und Gesundheitsfunktionäre konfrontiert sieht, als besonders beschämend und würdelos erscheinen.

Über den Tag hinaus von Bedeutung ist diese Publikation, weil sich die Autorin einer der grossen Gegenwartsfragen hochentwickelter Gesellschaften stellt: die Überwindung der Vereinzelung durch "Menschsein und Mitmenschsein" (A. Adler). Vielen fehlt dazu die Kraft – die psychische wie die physische Konstitution. Hier steht die individualpsychologische Arbeit vor ihrer grossen und für die Gesellschaft bedeutungsvollen Aufgabe; sie soll nach A. Buchholz-Kaiser in einem fein abgestimmten und flexiblen Rahmen von Einzel- und Gruppengesprächen angegangen werden.

40 Seiten, Fr. 12.-, ISBN 3-906989-04-6, Zürich 1991,
Verlag Menschenkenntnis